U0038029

你們的大腦有變得比學生時代還要好嗎？
只要用法正確，大腦會終身持續成長喔。
60歲
50歲
40歲
30歲

# 一生頭がよくなり続ける すごい脳の使い方

加藤俊徳 著

連雪雅 譯

明明有念書，但就是記不住。
專有名詞也老是想不起來……
40多歲
唉～
我一定是老了啦……

等一下!!
好痛！
40多歲的大腦還有很大的成長空間耶!!
甩巴掌

才怪，我用以前學生時代的方法學習，就是沒辦法像以前那樣學得好啊……
嘀咕
碎唸
現在就算花時間學習，全部都記不起來……
一定是我老了……

因為記憶結構已經和學生時代不一樣了啦!!
怒吼
大人就要用大人的學習方法才記得住，你聽懂了沒!!
這樣啊?!

就算是現在的我也能變聰明？你沒有騙我吧？
當然，
現在正是你大腦的成長期唷。
腦

是說，你哪位啊？
你的大腦。
拍

# 前言

想要重新開始學習的人，讀了本書會覺得信心大增。

長大之後，突然湧現學生時代不曾有過的學習欲望。

為了考取證照，學習新領域的事物。

為了換工作，想要學會新的知識與技術。

像這樣，在成年之後才開始學習的人，如何在短時間內記住新知識？本書將為這些人介紹符合腦科學理論的方法。

介紹大人的學習法時，不少人會劈頭就說：

「體力隨著年齡下降，大腦也跟著衰退，記性比學生時代來得差……要學會一項知識很花時間。」

其實這是很大的誤解。

**因爲你的大腦現在正處於比學生時代「更好的狀態」**。

長大成人後的現在，可說是最適合學習的時期。

就像不管幾歲開始鍛鍊肌肉都能增強肌力，只要給予大腦成長的刺激，大腦的功能無論從幾歲開始都會有所成長。

大腦分析、理解資訊時，發揮作用的「頂葉聯合區」（超頭頂野）是人類才有的高級腦功能，它在四十多歲時達到成長的顛峰。

掌管執行力與判斷力的「額葉聯合區」（超前頭野），在五十多歲時達到顛峰。

健康的人即使到了八十五歲，額葉聯合區也不會萎縮，能夠懷抱歡喜雀躍的心情，神采奕奕地度過每一天。

以腦科學的觀點來看，大腦會終身持續成長。

「話雖如此，最近我確實覺得記憶力衰退了。」

「或許是年近五十的關係，新的工作內容總是記不住，換了新型號的手機，花了一段時間才用得習慣。這些情況又該怎麼說明呢？」

或許有些人會這麼說。

**不過，記憶力衰退或記性變差，並非因爲上了年紀造成大腦老化。**

理由因人而異，也許是你熱中於工作，用腦方式失衡；或是只使用大腦擅長的路線處理事情，發生「大腦大叔化」現象，導致大腦整體功能衰退。

本書除了分析現代人經常掉入的大腦機制陷阱，同時簡明解說如何配合大腦的成長規則，更有效使用大腦的學習方法。

至今我看過一萬人以上的腦部磁振造影（ＭＲＩ）。

結果發現，無論是十幾、二十幾歲的年輕人，或是七十幾、八十幾歲的年長者，大腦都會持續成長。

讓大腦成長並非難事。

重要的是，保持「我想變成這樣！」、「我想做〇〇！」的積極心態，這對大腦來說，正是最棒的營養。

也就是說，因為「現在想要學習」而拿起本書的人，已經是營養充足的最佳大腦狀態。

「假如是現在念大學，我會更認真聽課」、「真後悔那時沒有好好念書」，若此刻的你有這些想法，這正是你的大腦功能隨著年齡增長而逐漸成熟的證據。

你的大腦擁有無窮的成長潛力。

人類的大腦有個特徵，上了年紀之後，看待事物容易感到有趣。

因為覺得有趣，大腦的整體運作會變得活絡、理解力變深，然後更加覺得有趣，進入成長的正向循環。以活潑的心態度過人生百年，不再是夢想。

**無論幾歲，大腦的成長會不斷上升。**

記住這句話，將人生中所有的體驗與大腦的成長連結起來。

腦內科醫師　加藤俊德

# 30歲之後，才是你大腦的全盛期

日本首席腦科學名醫親授，打造終生進化的最強大腦！

加藤俊德　著

連雪雅　譯

# 目次

## 第二章 適合大人腦的超神記憶提升法

## 第三章 激發大人腦幹勁的超神學習法

## 第四章 活用腦區特徵的超神學習法

## 第五章 強化大人腦力的超神習慣

# 序章

## 大人專屬的
## 超神學習法

記憶力衰退、記性變差不是因為上了年紀，這是真的嗎？

真的真的！

可是，現在的我比學生時代更難記住新的事物。

你還在用學生時代那套方法學習嗎？那可不行。

這是什麼意思？

大腦的結構在學生和大人時期是完全不同的啊。

蛤？！？！？！

# 01 適合大人的學習方法

「學生時代很會背東西，長大之後用相同的方法卻什麼都記不住。」

成年並進入職場之後，有些人為了考取證照或升遷考試、學習語言等，因應工作上的需求而開始學習。

可是，如果用和學生時代相同的方法學習，會發現長大後記性變差，並以為是「上了年紀」的關係。

「記性變差了，上了年紀，這也是沒辦法的事。」

假如你這麼想，繼續用和學生時代相同的方法學習，那真是太可惜了。

**因爲高中時期的你和成人之後的你，大腦的運作方式截然不同。**

**所以長大之後，使用學生時代的方法學習新事物，到頭來只是事倍功半。**

也許有些成績好的人會有「以前用這種方法學習都能考得不錯，為什麼現在卻做不到？」的想法，長大成人之後在學習上受挫。

如果你現在年過三十，先放下過往的自負，嘗試看看適合成人大腦的學習法。

# 02 中年的大腦具有高度潛力

各位在學生時代是否曾經覺得書讀不好、不擅長學習，或是感覺念書一點都不有趣。

然而，不少人長大之後才湧現學習欲望，心想：「真後悔學生時期蹺課，如果是現在念大學，我一定會專心聽課……為什麼那時候不認真上課呢？」

其實，這在腦科學中是理所當然的現象。

我認為，大腦的成人禮是三十歲。

大腦在構造上「成為大人」的狀態正是三十歲。

當然，這也是因人而異。如前所述，學生時代的大腦和三十多歲的大腦，在運作方式上會出現變化。

在不了解大腦的情況下，在二十多歲、正年輕的時候，以為大腦生氣勃勃、充分發揮作用，覺得自己記性很好。

不過，這是誤解。

**說到大腦的作用，長大之後會更出色，從記憶力、判斷力、決斷力等各方面看來，「大人腦」比「學生腦」更厲害。**

從腦科學的角度來看，二十多歲的學生腦尚未發育成成熟的器官。

**這時候的大腦並非處於能夠充分發揮既有能力的狀態。**

若用體力比喻腦力，兒童時期與現在相比，何時的你比較有體力呢？

想必是兒童時期吧。

以我自身來說，學生時代熱中於運動，那時候比較有體力。不管怎麼動都不容易累，稍微休息一下就能恢復精神。

雖然有體力，但能夠做到的事依然有限。

精力充沛的五歲兒童無法投出時速一百公里的球。

無論是田徑、網球、棒球或足球的專業運動員，比起有體力的高中時代，大多是成年之後才迎來顛峰期。

相較起有體力的年輕時期，往往是長大之後才創造出最佳紀錄。

腦力如同體力。

年輕時確實很有活力，但能夠發揮真正腦的潛力是在成年之後。

**成年之後，有更多的機會讓大腦功能變得更好。**

當大腦到了迎接成人禮的三十歲，因為功能不斷地成長，能夠充分發揮潛力。

因此，學生腦和大人腦相較之下，大人腦明顯勝出。

# 「大人腦想要學習」

學生時代覺得念書很痛苦、很無聊，現在卻覺得「很想學習」的人，大腦正是處於適合重新學習的狀態喔！

「以前一點都不想讀書，現在想重新學習了。」如果你也有這種念頭，那正是大腦成熟的證據。

想學習的意願對大腦來說是最棒的營養。

別錯過這個好機會，只要學會讓你的大腦感到喜悅的學習方法，簡直如虎添翼。

「話雖如此，我的記性確實變差了！應該是上了年紀的影響吧。」也許有人會這麼想。

那是因為沒有使用屬於大人腦的學習法，誤以為是記憶力衰退。

**腦科學也已證實，記憶力不會因爲年齡增長而退化。**

關於記憶力的結構，第二章將有詳細說明。你以為的「記性變差」，是因為明明已經是大人腦的結構，卻還停留在學生腦的使用方法。

規則都改變了，你卻照著老規矩拚命學習，所以無法得到理想的成果。

我們必須確實理解大人腦的使用說明書。

依照新的使用說明使用大腦，將來就能輕鬆且深入學習，學會新領域的知識。

# 【大人腦的使用說明書】

「學生腦」和「大人腦」在結構上有許多部分不同。雖然很認真念書卻什麼都記不住的人，或許是大人腦的使用方式不正確。

# 03 你可以用大人腦建立自己的歷史最佳紀錄

左頁圖像是某位八十歲男性的腦部磁振造影（MRI），當時他仍在擔任社長。黑色部分代表運作活絡的狀態。

這位男性自七十歲左右開始學跳舞、取得圍棋段位，是相當積極於各項活動的人。但到了八十歲左右，掌管運動的部位（運動系腦區，後文將有詳細說明）出現衰退。

接受了我的診斷後，他開始學打鼓，在家中也持續進行練習，一年後從他的MRI影像明確看出，運動系腦區的黑色部分增加，成長顯著。

## 大腦會終身持續成長

81歲

學打鼓之後的大腦

80歲

學打鼓之前的大腦

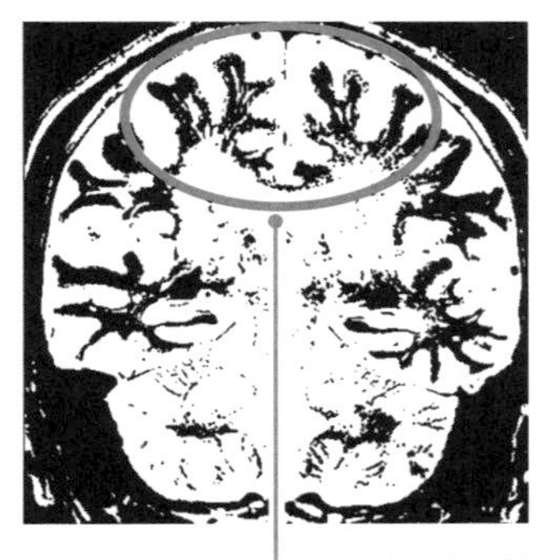

運動系腦區

年過八十的人，除了運動系腦區，其他腦區也會成長。健康的高齡者的額葉聯合區幾乎沒有萎縮，事實上，甚至還有超過一百歲仍持續成長的情況。

由此可知，將大腦導向正確的方向，即使是八十歲的人，大腦也能繼續成長，而且成長速度不輸給十多歲的年輕人。

如前所述，大人腦能夠像專業運動員那樣進行鍛鍊。不只是一百公尺短跑或馬拉松、田徑賽，在游泳和競速滑冰等運動項目，多數的選手不是在有體力的高中時代活躍，經常是超過二十歲、接近三十歲的時候才在體育界創造出新紀錄。就算體力衰退，透過訓練或增加戰略、資訊和技術提升大腦的綜合力，自然能夠建立超過十幾歲時的紀錄。

大腦的世界也是如此。

即使失去兒童時期默背東西的能力，我們還是可以用不同方法記憶事物。

而且，大腦的綜合力是長大之後更佳，只要遵從大人腦的使用規則，任何人都能比兒童時期變得更聰明。

另外，之後在第一章第二節也會提到，當三十歲之後，大腦細胞的菁英集團「超腦區域」（super brain area）開始活絡，我們便能理解學生時代不懂的困難事物，逐漸引發興趣。

那正是最適合學習的時期。

再次提醒各位，長大之後不把握學習機會，是很可惜的。

# 第1章

## 大人腦的
## 超神使用說明

就算已經知道比起學生時代，現在大腦的綜合能力更強，但我還是沒辦法接受啊！

大腦裡有各種角色，你必須先了解它們。

我知道啊！像是海馬迴對吧？

喔，你知道海馬迴。
那你知道海馬迴是懶惰鬼，無法獨自發揮作用嗎？

懶惰鬼？

是啊。
人類只看得到、只聽得見喜歡的東西或已經知道的事物，這點你知道嗎？

？！？！？！

# 01

# 大腦是懶惰鬼，沒耐性又容易被影響

大人腦學習法的重點是，「遵從大腦的規則」。以及「給予大腦良好的環境」。這兩點是最關鍵的事。

因此，在開始之前，必須先了解大腦的特性。雖然大腦是很細膩複雜的器官，但同時也具有相當單純的一面，越了解它會越覺得有親切感。

接下來，由本書的大腦君為各位解說大人腦。先來掌握大腦君的個性吧！

## 大腦君的個性

肯做就做得到
精明能幹
基本上很懶惰
熱衷研究
喜歡的事物
擅長找到
輕鬆的做法
喜歡被稱讚
沒耐性
糖
被稱讚就會
成長進步
很老實
容易受到影響
（被洗腦）
有期限就會激發幹勁

## 02 大腦的全盛時期是四十五至五十多歲

「只想做喜歡的事卻容易厭倦」、「知道有獎勵就會好好努力」——這是大腦的本性，也是每個人的共通點。

以這樣的本性為基礎，長大之後，隨著生活環境或職業、人生經驗，以及用腦方式等因素不同，大腦會變得別具個性。漸漸地，大腦會出現和主人相似的長相或個性。

前文也曾提到大腦的成人禮是三十歲，但在腦科學的角度，大腦不會停止成長。

**大腦會終身持續成長。**

**換言之，到死之前都還是不成熟的狀態。**

說到大腦的特性，經常使用的部位會隨之成長。因此，隨著年齡增長，只要有興趣的對象改變，或是工作上需要的技能改變，大腦的形狀就會跟著變化。

到目前為止，我見過超過一萬人的腦部磁振造影（ＭＲＩ），根據那些觀察的經驗，大腦的個性變得突出是在三十歲之後。就職、晉升、結婚等人生階段變化豐富，接收到許多新刺激的時期，大腦會急速成長。

許多人在四十歲之後會覺得腦力快速衰退，其實正好相反。

## 大腦在這個時期不但不會衰退，反倒是成長的全盛期。

在工作或私生活上遭遇煩惱，經過思考後做出決定，那些經驗會成為大腦的營養。對重新學習感到有趣，能夠理解困難的事、解決複雜的問題，面對難相處的人可以順利溝通，大腦的高級功能成熟反而是在中年之後！

大腦中負責處理複雜資訊的腦細胞菁英集團，我將其稱為「超腦區域」（super brain area）。

負責記憶與理解的「顳葉聯合區」（超側頭野）在三十多歲達到顛峰。

分析理解視覺或聽覺所獲得的資訊的「頂葉聯合區」（超頭頂野）在四十多歲達到顛峰。

掌管執行力與判斷力的「額葉聯合區」（超前頭野）在五十多歲達到顛峰。

這些能力並非先天遺傳，而是靠後天努力得以成長進步。

**也就是說，大腦的顛峰期是三十至五十多歲。四十五至五十五歲又可說是大腦的全盛期。**

這是適合學習的最佳時期。

擔憂「五十五歲開始會每況愈下」的人，請放心。

只要在超腦區域達到顛峰的時期好好運用大腦，即使年過六十，大腦仍然會穩定地持續成長。除非罹患失智症，否則頭腦一輩子都會靈活運轉。

# 03 提升腦力的關鍵是腦細胞之間的團隊合作

前文屢屢提及，成人之後是最適合學習的時期，大腦會終身持續成長，但光看大腦的構造，從轉換為大人腦的二十歲左右開始，腦細胞減少，大腦緩慢地老化。

**不過，腦細胞減少不代表大腦會停止成長。**

人的一生之中，腦細胞量最多是在一歲前的嬰兒期，然而大腦卻是在能夠說話後才開始成長。

過了嬰兒期，腦內的「生命之源」胺基酸等物質增加，協助腦細胞成長。

光是這樣還不夠，即使腦細胞數量豐富，如果連接腦細胞的資訊傳達網絡薄弱，大腦就無法有效地發揮作用。

**提升腦力不是靠腦細胞，而是發達的網絡。**

隨著年齡增長，藉由累積各種經驗帶給大腦刺激，使得連接腦細胞的網絡不斷擴大，與大腦的合作變得密切。只要能拓展腦細胞的網絡，強化與大腦的合作，大腦功能就會有所成長。為了達到此目的，首先先來了解大腦的結構。

# 04 八個腦區的特徵

大腦好比社會的縮影。

大腦裡有超過一千億個、多到數不清的神經細胞，它們在各自擅長的領域形成集團，建立據點。

若以公司比喻，就是有社長、執行董事或秘書，底下根據不同業務內容分成各部門。

我將腦中如同各部門的部位，依照各自負責的任務，取名為「腦區」。

正在閱讀本書的各位，為了能夠在將來享受美好人生，請好好了解這八個腦區。

## 腦區的位置

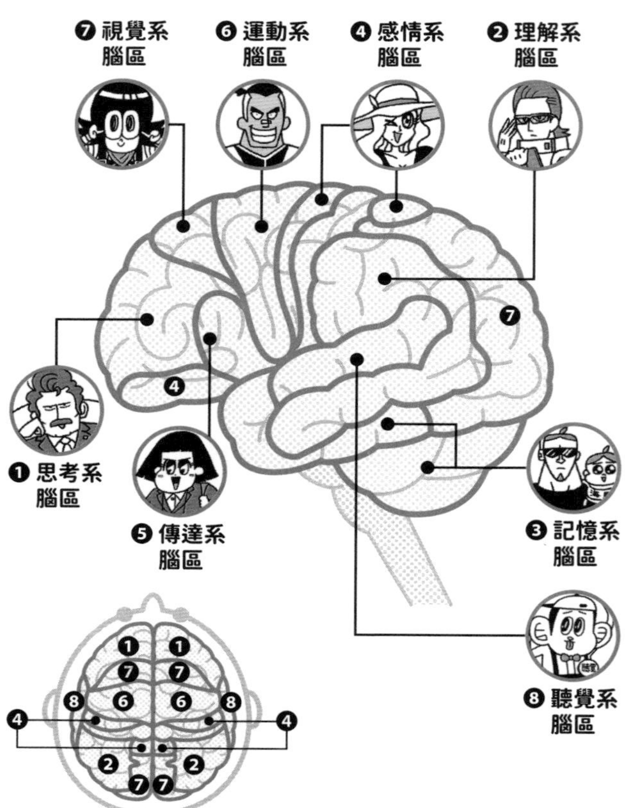

❼ 視覺系腦區
❻ 運動系腦區
❹ 感情系腦區
❷ 理解系腦區
❼
❹
❶ 思考系腦區
❺ 傳達系腦區
❸ 記憶系腦區
❽ 聽覺系腦區

**思考系腦區**

掌管思考、意志、想像力等，思考事情時會發揮作用。

**理解系腦區**

理解看到或聽到的資訊，遇到不知道的事也會進行推理，試圖推測與理解。

**記憶系腦區**

記憶或回想事物時發揮作用，儲存且活用資訊。位於掌管記憶的海馬迴周圍。

**感情系腦區**

感受並表現喜怒哀樂，以終身持續成長、老化速度緩慢為特徵。位於大腦多個部位。

**傳達系腦區**

透過溝通進行交流。

**運動系腦區**

負責手、腳、口等活動身體的所有行為，為大腦中最早開始成長的區域。

**視覺系腦區**

將眼睛看到的影像或圖像、讀到的文章聚集在大腦。

**聽覺系腦區**

將耳朵聽到的語言或聲音聚集在大腦。

# 擬人化的八個腦區

思考系腦區

## 腦區的社長

腦區的領導者，以公司職位來說，相當於社長，擅長對各腦區下達指令、分配工作。與各個腦區都有交流，尤其透過和理解系、記憶系的合作得以提升腦力。

理解系腦區

## 腦區的現場領導者

猶如現場領導者的存在，是思考系的夥伴，相當於大腦資訊調查機關。統合聽覺系、視覺系、記憶系所獲得的資訊，和思考系進行討論、篩選資訊，將必要的資訊交給記憶系。

記憶系腦區

## 腦區的記憶協調員

與抗壓性低的海馬迴形影不離，很懶散無法獨自行動。透過監視器觀察其他腦區，從收集到的短期記憶中取出需要的部分，移入長期記憶。
和感情系、思考系、理解系相處融洽。

感情系腦區

## 腦區的女王

腦區之中最不易老化的部分，到死之前都會持續成長。可說是腦區的幕後主腦。因爲鄰近記憶系，彼此感情好。讓感情系確實發揮作用，就會容易留住記憶。

傳達系腦區

## 腦區的公關

好比大腦的公關或發言人，和記憶系、理解系、運動系、聽覺系、視覺系相處融洽。讓傳達系活絡，懶惰的記憶系就會開始行動。順帶一提，左腦的傳達系是大腦中最勤勞工作的腦區。

運動系腦區

## 腦區的能量來源

所有腦區的能量來源，先讓運動系確實發揮作用，所有腦區就會變強。除了手、腳或口的活動之外，同時也管理我們的行動。

視覺系腦區

## 眼睛的情報站

將雙眼看到的資訊傳達給理解系、思考系、運動系、記憶系。習慣先看喜歡或想看的事物，或是已經知道的事物，只要鍛鍊視覺系就能增加短時間內獲得的資訊量。
不過，疲勞會讓視覺系的能力下降。

聽覺系腦區

## 耳朵的情報站

將雙耳聽到的資訊傳達給理解系、思考系、運動系、記憶系。習慣先聽喜歡或想聽的事物，或是已經知道的事物。比起視覺系的資訊，記憶系對聽覺系所傳達的資訊更容易產生反應。

其實，根據像我這樣的大腦專家所使用的腦結構圖，腦區在左腦和右腦分別各有六十個，總計有一百二十個腦區，不過當中最重要的是這八個。

如第五十二頁的圖所示，八個腦區存在於左腦與右腦。

在此先提醒各位，左腦的腦區在語言或計算等邏輯性作用較強，右腦則是對直覺或靈感等的感覺較敏銳。

理解八個腦區的特性，強化各腦區的合作，以自己的方式加以活用，你的學習力就會突飛猛進。

不僅如此，在人生終止前，你的大腦會不斷地成長。

為了方便各位記住各腦區的特性，後文將八個腦區擬人化，介紹各腦區在大腦這個組織之中負責的作用。

# 05 提高或降低腦區生產力，取決於你的環境

公司之中有備受重視的明星部門，也有鮮少露面，但公司少了他們就無法運作的無名英雄部門。

大腦也是如此，身為主人的我們要好好整頓環境，讓八個腦區充分發揮各自的作用，這是培育終身持續成長的大腦的重點。

不能讓其中任何一個腦區過勞，也不能放任其中任何一個腦區偷懶。

大腦好好運作，對我們也會有很大的回饋。

## 你就像是由優秀腦區組成的「大腦股份有限公司」的監察人。

大腦運作的效率是否會提升利益，付出的努力是否會得到相應的成果，像這樣觀察情況，適時地調整方針。

大腦的社長是負責做出決策的思考系腦區。社長的好幫手兼夥伴的常務董事是理解系腦區。鮮少露面的記憶系腦區相當於總務部長。

思考系腦區、理解系腦區和記憶系腦區可說是大腦股份有限公司的三大要角。

它們根據大腦獲得的資訊交換意見，最後由相當於社長的思考系腦區做出決定。

然後，擔任公關的傳達系腦區，將社長做出的決定整理成簡報資料，向外傳達。

暗中操控大腦股份有限公司的感情系腦區會配合狀況，讓三大要角冷靜，或是設法振奮情緒。

當公司內部想要收集資訊時，就會通知在現場收集資訊的業務部門：運動系、聽覺系和視覺系。

它們到了現場耳聞、目睹許多事物後，把得到的資訊傳達給思考系、記憶系和理解系。於是，三者再次展開討論……像這樣重複進行。

不過，雖然會重複進行，八個腦區也像大腦君本身一樣，基本上很懶惰，隨時都想偷懶。

身為主人的我們，如果讓腦區處於內部氣氛不佳的環境，它們就無法發揮應有的作用而出錯、生產力下降。

# 大腦股份有限公司

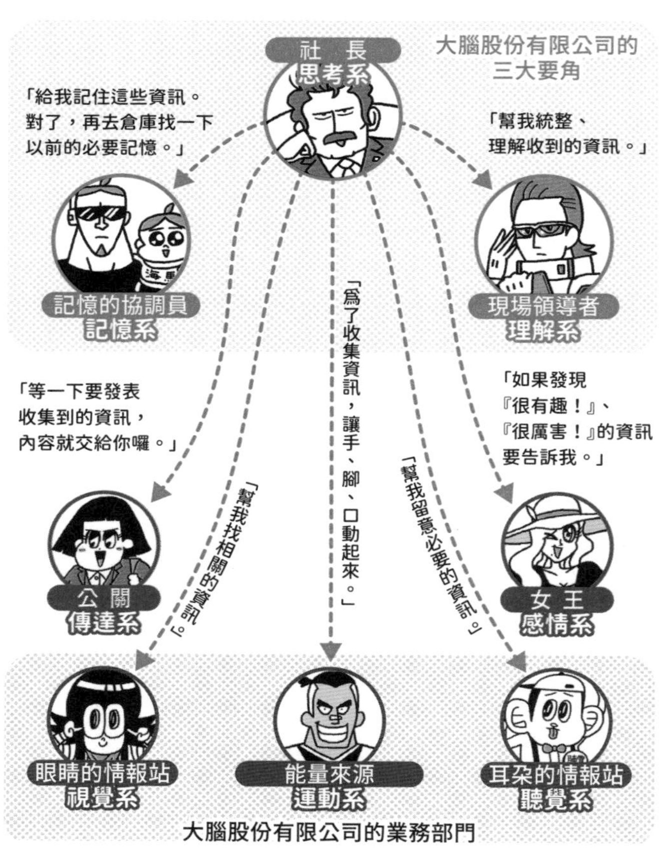

社長
思考系
大腦股份有限公司的
三大要角
「給我記住這些資訊。
對了，再去倉庫找一下
以前的必要記憶。」
「幫我統整、
理解收到的資訊。」
記憶的協調員
記憶系
現場領導者
理解系
「爲了收集資訊，讓手、腳、口動起來。」
「等一下要發表
收集到的資訊，
內容就交給你囉。」
「如果發現
『很有趣！』、
『很厲害！』的資訊
要告訴我。」
「幫我找相關的資訊。」
「幫我留意必要的資訊。」
公關
傳達系
女王
感情系
眼睛的情報站
視覺系
能量來源
運動系
耳朵的情報站
聽覺系
大腦股份有限公司的業務部門

# 06 長大之後，重新調整學生時代的學習方法

只要給予明確且優秀的經營戰略，在現場工作的人就會立即展開行動，所以上層的決定或意見非常重要。

以大腦來說，如同董事的思考系、理解系和記憶系這三大要角，攜手合作並有效率地發揮作用時，其他腦區也會更容易運作，進而提升大腦整體的功能。

大人的學習法也是如此，為了牢牢記住學過的東西，讓它們隨時能派上用場，讓三大要角正常地發揮作用是必要條件。

學習也就是和記憶力一決勝負。

或許有些人會想，要記住學過的東西、提高記憶力，鍛鍊記憶系腦區或許比較快。

不過，這是極大的誤解。

**大人腦的記憶系腦區很難獨自運作。**

這才是大腦的實際情況。

長大後想要提高記憶力，必須要有思考系與理解系的協助。這兩個腦區也得借助記憶系的力量才能思考、理解事物。

此外，為了讓記憶系充分發揮作用，必須和給予意見的感情系保持密切的聯絡。

**大人不適合用學生時代那種死背硬記的學習方法。那種方法只有學生腦才適用，對大人腦而言毫無效率。**

腦區之間是互相扶持的關係，身為監察人的你要引導它們各自發揮所長。

為了讓各腦區發揮所長，必須仔細了解它們的任務與特色，才能知道該怎麼做能夠讓它們發揮作用。

# 07 資訊的活用或封殺，取決於像公司社長的思考系腦區

擅長在現場發揮作用的運動系、視覺系、聽覺系所收集到的資訊，如何運用那些資訊的決定權，由思考系腦區掌控。

大腦之中，思考系腦區相當於公司的社長。

有事相求時，與其拜託基層員工，直接拜託社長，實現率較高，速度肯定也較快。

**首先，運用思考系腦區，透過由上而下的方式讓其他腦區跟著動起來。**

思考系腦區和像是社長左右手的理解系腦區，會一起選擇大腦獲得的資訊，若是需要的新資訊，就會對視覺系和聽覺系等腦

區下達收集資訊的指令。

收集了需要的資訊後，決定好「何時要做這件事喔！」之後傳達給下屬（傳達系腦區），並採取實際行動（運動系腦區），像這樣發號司令。

至今我看過超過一萬人的腦部磁振造影（ＭＲＩ），發現自己創業、成為企業領導者的人，多數都是思考系腦區很發達。迅速做出決策、隨即回覆、立刻行動、擅長創造新的企劃或創意，有這些特徵的人可說是充分運作思考系腦區的類型。反之，如果是「總有一天會做」像這樣有拖延症的人，面對任何事情總是迴避答覆，很有可能是思考系腦區的作用較差。

另外，為了準備考證照，從考試當天開始倒數天數、規劃讀書進度，也是思考系腦區的任務。

**對於忙碌沒時間的大人而言，想要有效率地學習事物，思考系腦區的作用非常重要。**

而且，當思考系和記憶系腦區的連結加深，並且思考系腦區充分運作時，語言知識的存取就會變得順暢。

「出現在那個節目的那個演員，說他迷上了那個」，像這樣講不出特定名詞，或是之後想起來卻說不出詞彙的情況頻頻發生時，並非老化，而是思考系腦區偷懶的證據。

**假如思考系腦區有點懶惰的話，試著一早醒來後擬定當天的行程，或是找出家人或同事的三個優點，透過思考促使其發揮作用很有效。**

# 08 思考系與理解系的關係，左右「大腦股份有限公司」的成果

現實社會中，優秀的領導者通常會有優秀的左右手。大腦的領導者思考系腦區也是因為有理解系腦區的輔助，工作起來才能得心應手。

思考時必須理解資訊，為了理解資訊必須進行思考，兩者是相輔相成的關係，但做出最後決定是思考系腦區的任務。

當理解的方式出現問題時，也會影響最後的決定。

所謂的「理解」有著各種途徑，例如照單全收的理解、推測

對方意思的理解、不知道而去請教別人或上網查詢的理解，這些和許多腦區的運用、活絡大腦有所關連。

如果你有未仔細思考就片面斷定「這個就是這樣！」的傾向，請多留意。因為這麼一來，主要運作的只有理解系腦區，這可能是破壞腦區團隊合作的要因。

**爲了解開僵化的理解系腦區，試著改變房間的擺設、改變通勤路線等，在日常生活中製造變化。**

學生時代的大腦，思考系與理解系這兩個腦區都還沒有發育成熟，而是要到二十五至三十歲左右才會成熟。

後文也會提到，對大人的學習而言，不可或缺的是「長大之後成熟的思考系與理解系」。

## 【思考系與理解系的關係】

長大之後，想要頭腦變好的話，讓思考系與理解系變成你的夥伴是很重要的。對於總是採取相同行動和行程安排的人而言，稍微改變一下，會對大腦造成良好的刺激。

# 09 爲沒體力又愛偷懶的記憶系腦區，提供容易工作的環境

關於三大要角之一的記憶系腦區，第二章會有詳細說明。身為資訊管理者的記憶系二十四小時全天無休，在後勤部門的監視器前監控其他腦區的工作情況。

思考系與理解系腦區在思考、做決定時，會比較傾向於檢討、參考過去的經驗，這時候取出過去的記憶、提供資訊正是記憶系的任務。

此外，也會針對視覺系和聽覺系的所見所聞提供「啊，那個感覺很有趣」或「有見過那個人喔！」之類的資訊。

而且，不只提供資訊，整理與保管由大腦記憶中樞的海馬迴送來的記憶，這也是記憶系腦區的重要任務。

記憶的整理與保管主要是在睡眠中進行。

肩負許多職責的記憶系經常因為過勞而感到疲憊，所以會忘記保管長時間未使用的記憶。

**基本上，記憶系腦區在其他腦區作用較弱的時候會減少運作，以至於越來越懶惰。於是，我們會有「記憶力衰退」的錯覺。**

再者，記憶系腦區中樞的海馬迴抗壓性低，年輕人說「最近很健忘」，通常都是壓力所致。

**包含海馬迴在內，爲了促進記憶系腦區的運作，不累積壓力也很重要。**

# 記憶系的工作

記憶系負責的工作很多，
像是，監控其他腦區工作的情形。
盯—
大家好像都很忙。
長期記憶
A
還要整理、保管記憶倉庫。
也得和思考系、理解系進行會談。
他眞的很忙。
不過⋯⋯
工作好累⋯⋯
沉～重
壓力
壓力
壓力
缺氧
壓力
假如缺氧或累積壓力的話，就會罷工。

尤其是海馬迴，它很脆弱，例如得了花粉症的時候，呼吸變得不順，海馬迴因此會失去活力。爲了讓記憶系好好地工作，務必保持身心健康。

# 10 提升記憶力需要感情系與傳達系發揮作用

若將大腦比喻成裝了水的茶壺，感情系腦區就好比瓦斯噴槍。如果使用了情緒亢奮的大火，茶壺裡的水就會煮沸，大腦會忙得不可開交；反之，想冷靜思考時，將火力轉為極弱的小火即可。

可是，感情系腦區涉及資訊的輸入與輸出，相當忙碌，原本就是處於容易不穩定的環境。

情緒不穩定就很難靜下心思考，往往會陷入遲遲做不出決定的狀態。平時保持穩定的情緒就能讓腦區舒適地運作。

另外，輸出資訊時，傳達系腦區會活躍地發揮作用。

透過對話進行溝通時，我們會運用傳達系腦區統整自己的想法，給予回應或陳述意見。

傳達系腦區發達的話，做簡報或演講時，說出來的內容就能打動聽眾的心。

說出口或記錄統整，有意識地使用傳達系腦區，增加輸出的量也會提升輸入的品質。

**好好運用感情系和傳達系就能強化記憶力。**整頓且活絡感情系與記憶系、傳達系與記憶系的網絡，就會提升學習效率。

# 11 如何讓運動系、視覺系、聽覺系獲得更好的資訊

大腦的成長少不了新資訊。

人透過走路、移動或行動接受刺激，獲得資訊。小說家宇野千代曾說「要活就要動」，大腦的運作也是如此，不行動，大腦就不會發揮作用。

大腦中掌管行動的腦區是運動系。

不光是活動手腳，聽或看事物也會運動到肌肉，因此聽與看也是運動系腦區的任務。

## 「大腦不動時，身體動起來」

大腦股份有限公司的員工都很懶散，如果他們不好好工作，就讓身體動起來試試。

**運動系腦區是「所有腦區的能量來源」。**

其實，運動系腦區是人類大腦之中最先開始成長的腦區。

小寶寶在運動系腦區血液順暢的狀態下出生，對寶寶來說，哭泣也是全身運動。

透過揮動雙手等動作運動身體，從皮膚的感覺獲得許多資訊，於是視覺系腦區的血流變得順暢。能夠走路之後，思考系腦區也會發揮作用，不斷地成長。

**覺得精神恍惚的時候，先讓身體動起來。**

在運動系的作用下展開行動，視覺系與聽覺系腦區也會有所呼應，開始動起來。

走路的時候，視覺系會確認行進方向有無危險，若發現階梯等阻礙物會向運動系回報，做出跨越的動作。

聽覺系也是如此，聽到汽車引擎聲，就會確認附近是否有車子接近，與運動系和視覺系攜手合作。

**視覺系和聽覺系的特徵是，選擇性接收資訊。**

對於找出已經知道的事物很拿手，可以從人群中找到熟人的臉或聽到熟人的聲音。

擅長對照過去的經驗做選擇，當思考系腦區說「找紅色屋頂的房子」，它們會選擇性找出紅色屋頂。

活用這個尋找能力也有助於大人的學習，請各位記住。

此外，後文也會提到，多數人負責收集資訊的視覺系與聽覺系的能力其實不相上下。

**有些人擅長透過雙眼或雙耳獲得資訊，能夠發揮更好作用的那一方會受到理解系腦區信賴，成爲理解系的左右手。**

容易理解看到的資訊，這類型的人是「視覺系─理解系」的網絡很順暢；容易理解聽到的資訊，這類型的人是「聽覺系─理解系」的網絡比較發達。

如前文所述，各腦區各有特色，加強各腦區的關係，傳達資訊的網絡就會變得活絡。

利用各腦區的特性，強化各自的網絡，可說是大人學習法的捷徑。

## 「視覺系與聽覺系」

各位可透過第一百八十七頁的檢測，確認自己是擅長透過「雙眼」或「雙耳」獲得資訊的人。

# 12 大腦之中有高速公路與一般道路

出社會之後，一整天有一半的時間都是為了工作在動腦。所以，每個人會因為各自的職業不同，而有個人經常使用的腦區。例如業務常用的是傳達系，研究人員是理解系，秘書是記憶系等。

這種情況並非壞事。

**工作上經常使用的腦區網絡，好比高速公路。**

不僅處理速度快，也因為是習慣的道路，所以不太會有壓力，能夠快速抵達目的地。

## 高速公路與一般道路

處理資訊快速的高速公路固然方便，但一直使用的話，好處也會逐漸變少。偶爾做些棘手或不習慣的事情，使用一般道路也很重要。

長大之後的學習，最好是像這樣善用習慣的高速公路，在短時間內有效率地學習。

不過，這麼做還是有壞處。

現實生活中使用高速公路的情況，通常是在附近有急事或出遠門的時候，平時還是使用一般道路。

因此，如果每天使用高速公路化的腦區八小時以上，喜歡偷懶的大腦就會養成習慣，變得不想使用行駛速度緩慢的一般道路。

於是，不被使用的一般道路慢慢生鏽荒廢，千瘡百孔。

另一方面，原本很舒適的高速公路也因為過度使用，逐漸劣化。以往可以用最高時速一百二十公里行駛，漸漸地降到八十公里左右，抵達目的地變得更費時。

「最近做相同的工作，效率好像沒有以前好」、「以前更早就做完工作了」，假如你也有這樣的感覺，很可能是高速公路化的腦區生鏽了。

**能感受到高速公路的好處，正是因爲有一般道路。**

不使用一般道路就無法比較，完全不知道高速公路已經劣化，這也是讓人以為「上了年紀記性變差」的原因。

# 13 根據你如何使用你的大腦，可以將棘手的事變得擅長

看腦部磁振造影（MRI）能夠判斷性格，大腦如實地表現了一個人。

日常生活中經常使用的腦區，因為神經細胞之間的網絡緊密結合而發達（高速公路化）。

那個模樣看起來很像澆水或施肥後生長發育的植物，我將其稱為「大腦的樹突」。

看了實際的MRI影像會發現，大腦生氣勃勃的部分就像樹木一樣。

運動選手表現活躍的時代，運動系腦區的樹突很突出。但，退休後成為解說員或記者，反而是說話發達的傳達系腦區的樹突狀態變得良好。

由此可知，大腦的樹突會隨著環境改變，只要有所意識，無論從幾歲開始都能改變。**就連自己覺得棘手的事，其實只是以往使用該腦區的機會不多。有意識地去使用它，讓樹突的狀態變好，棘手的事就會變得擅長。**

我認識一位四十九歲時辭掉工作的牙醫，他將工作的重心轉換至演講和寫作。

他並非能言善道的人，從他的ＭＲＩ影像也能清楚看到傳達系腦區的衰退。

於是，我建議他嘗試寫作，增加在大眾面前說話的機會，藉以鍛鍊傳達系腦區。

三年後，他已經靠著演講和寫作謀生，再次觀察他的ＭＲＩ影像，如左圖所示，傳達系腦區的樹突變得突出。

你的大腦現在某個腦區的樹突很可能正在弱化。

不過，這也表示今後極有可能飛躍成長。

讓八個腦區的樹突狀態變好，盡情享受往後的人生。

## 即使年過50，大腦還是會進化

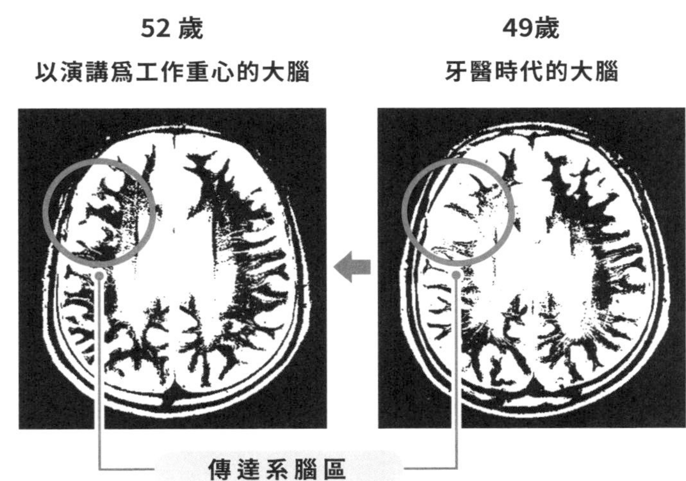


即使是自己覺得很棘手的事，但大腦並不那麼想。
「持續進行」會讓腦區成長，腦區確實發揮作用，自然不會覺得棘手，不擅長的事也會變得拿手。

# 14 腦筋靈活的人，大腦的高速公路很發達

大腦樹突狀態變好的過程中會發生怎樣的事呢？雖然這涉及有些專業的內容，但試著想像大腦的成長情形，可以激發學習幹勁，所以我想在此簡單說明。

在人腦的組成結構中，大腦是創造高級功能的部位，它被神經細胞「皮質」覆蓋，內側有神經纖維構成的「白質」，白質相當於連接各皮質的超高速線路。

大腦吸收了我們聽見或看見的資訊後，白質會變長變粗。

## 大腦樹突發達的過程

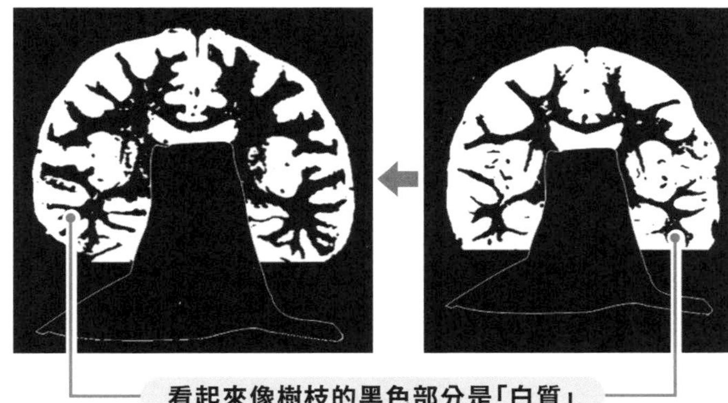


※下面看起來像樹幹的部分是另外補加的插圖。

上圖是腦神經細胞的網絡「大腦樹突」吸收資訊呈現發育狀態的MRI影像，看起來就像一棵樹的成長過程，樹枝部分相當於「白質」。比較左右兩張圖，左圖枝多且粗，粗枝是「高速公路」，細枝是「一般道路」。

就像比起單行道，四線道的大馬路車流快速一樣，白質變粗，腦區之間的交流就會變快，網絡也會變得堅固。

而且，白質變長變粗，覆蓋在表面的皮質細胞也會成長，表面積擴大。

這就是大腦樹突變好的狀態。

**「大腦會成長」這種說法，其實就是腦中的皮質和白質在形狀上產生變化，功能也隨之成長。**

**大腦吸收越多資訊，皮質和白質就會跟著成長，大腦樹突狀態變好，腦區之間的網絡也變得快速順暢。**

這正是腦筋靈活或聰明人的大腦。

大人腦原本就很喜歡吸收資訊。

可是，有些人卻以上了年紀為由放棄學習，覺得和別人溝通很麻煩，懶得學習新事物，使得這個網絡鈍化。

某天突然意識到的時候，一般道路已變成山野小路，高速公路也劣化了。

對於以前很擅長的事情，無法像過去那樣發揮能力，出現工作以外的事情什麼都做不到、什麼都不想做的「大腦大叔化」現象。

牢牢把握讓大腦變好的三十至五十歲這個絕佳時期，避免大腦大叔化的出現。

# 第2章

## 適合大人腦的
## 超神記憶提升法

雖然我已經知道大腦裡有特色鮮明的腦區……

你還是不相信我嗎？

但我還是覺得學生時代的記憶力比較好啊……

說到記憶力，那是因為和學生腦的結構不同。你是不是還在參考書上貼便利貼，在重點的部分用螢光筆畫線？

咦，當然啊。
我一直都是用這樣的方法學習啊！

那對大人腦一點都不管用。

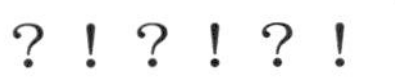

# 01 長大之後，無法再死記硬背

「最近記憶力明顯衰退」、「記性真的變差了」，隨著年齡增長，經常會說出或聽到這樣的話。

請容我再次提醒各位，這是誤解。

長大之後，記憶力不會衰退。

**改變的是，大腦的記憶系統。**

知道這件事後，配合大腦的系統改變學習方法，往後就不會再對記憶力有所抱怨，學習效率也會提升好幾倍。

如前所述，大腦的成人禮是三十歲。

適用「照單全收」的學習方式的「學生腦」，在十八歲左右開始慢慢衰退，之後約莫十年，會切換成具備應對力或創造力等高級功能的「大人腦」。

兒童時期很會念書，這在腦科學來說是「擅長直接記住聽到的資訊」。

聽覺系連接記憶系的腦區途徑最強且容易使用，這是兒童腦的特性。因為學生時代的學習以默背為主，所以這個腦區途徑穩固的人，學習表現好，容易得到會念書的評價。

然而，隨著年齡增長，累積各種經驗或接觸各種資訊，其他途徑也開通了，漸漸不再使用學生腦的途徑。

兒童對於不明白的詞彙也會記住，這稱為「無意義記憶」。

好比童年時期，從大人念的繪本中第一次聽到「孝順」一詞，就會直接記住這個詞彙。過了一段時間，問父母：「孝順是什麼意思？」令父母感到驚訝。

起初只是聽到後記住（聽覺系→記憶系），記住之後理解（記憶系→理解系），以這樣的順序運用大腦。

缺乏語彙力的兒童腦細胞，聽到新的詞彙會覺得很新鮮、感到有興趣，就算不知道意思也會直接記住。

但長大之後，思考系與理解系腦區比兒童時期發達，在記憶之前會先產生疑問，例如「『揣測』？這是什麼意思？」變成先理解意思才記憶的「意義記憶」。

對大人來說，單單只是想要「記住」，但遺憾的是，記憶系腦區無法如願發揮作用。

「確實有揣測這個說法。對了，我也是揣測上司的想法，理解他的意見。」像這樣知道自己會如何使用這個詞彙後，才能夠記住。

**因此，想記住某個事物時，與其想去「記下來」，讓大腦「理解」才是正確做法。**

**重點就是，讓理解系腦區發揮作用。**

如前章所述，學生時代的大腦很有活力。而長大之後的大腦，精力不如學生時代。可是，前文也有提到，棒球員球速最快的時候並不是在高中打棒球時，而是成為職業選手後才創造出新紀錄。

大人有適合大人的用腦方式，懂得活用，記憶力就會比學生時代來得好。

忽視這個大腦的機制，一味地死記硬背，沒有成果是理所當然的事，自然也會覺得記憶力衰退。

# 02 貼了便利貼、畫了重點，還是記不住

許多人學習時，會在教科書的重點處貼便利貼，或是用螢光筆在重要詞彙、文句上畫線。

但遺憾的是，大人和學生時代的腦結構不同，這樣的學習方式對大人腦無效。

貼便利貼或畫重點，對大人腦來說只是會有「做了的感覺」，無法明確留下記憶。

那是因為，發揮作用的腦區較少。

感應到「喔，這裡好像很重要」，為了不要忘記而貼上便利貼。

感覺上好像有在學習，但以大腦運作的角度來看，只是默讀文字，除了主要的視覺系腦區，幾乎不會用到其他腦區。

也許有人會想反駁「不不不，我是為了要記住才刻意畫線」，如果是學生腦倒還無妨，如前文所述，大人腦的記憶系腦區很懶惰，無法獨自發揮作用。

長大之後，光是畫重點對記憶系腦區傳達的訊息太薄弱，無法牢牢記住。

對大人腦而言，想要有效率地學習，只靠一個腦區行不通，必須讓腦區的三大要角（思考系、理解系、記憶系）共同參與，讓其他腦區一起發揮作用，這才是重點。

就像之前提到的，大腦的神經細胞會隨著年齡增長而減少，但串連神經細胞的網絡不受年齡影響，會持續成長。

**讓多個腦區同時發揮作用，等於強化這個網絡。**

**至少要用到三個以上的腦區，大腦才會全力運作。**網絡變得越強，大腦整體的功能也會提升。

# 03

# 大腦會記住攸關性命的重要危機或資訊

為了讓各位正確理解學習時想要強化的記憶力，接下來會針對大腦記憶系統進行說明。

首先，比起記住，大腦更擅長忘記。

雖然有人說大腦擁有 1PB[1] 的超大記憶容量，即使如此，若將所見所聞全部記住，也很快就會容量不足。

而且，大腦是身體中使用龐大能量，消耗大量氧氣的器官，所以具有盡量節能的特性。

因此，大腦通常會忘記不重要的事物，這樣才能有效率運作。

我們透過眼睛、耳朵收集的資訊會先送到大腦的「海馬迴」。記憶概分為「短期記憶」和「長期記憶」，海馬迴負責的是短期記憶。

## 短期記憶好比暫時保存記憶的倉庫。

除了是倉庫，海馬迴也要擔任管理倉庫的「記憶協調員」，負責挑選從短期記憶刪除的事物，以及留存為長期記憶的事物。

1. 拍位元組（Petabyte，縮寫為PB），是一種大容量的資訊計量單位，1PB等於1024TB。

## 海馬迴的工作①

視覺系腦區與聽覺系腦區收集的大量資訊，幾乎都會被海馬迴清除……

海馬迴是形似側身海馬的小器官，它所負責的重大任務相當於協調員，要提升記憶力，必須打開海馬迴與長期記憶連結的途徑。

可是，海馬迴很容易打瞌睡、愛偷懶。

**遇到攸關性命的危機或重要資訊，它才會清醒，將那些留存在長期記憶。**

**英文文法或法條、數學公式等對海馬迴來說毫無吸引力。**

所以，要想辦法讓海馬迴覺得「糟糕！這很重要」，才有機會移往長期記憶。

這也是大人記憶法的要點。

接下來會詳細說明這個方法。

【海馬迴的工作②】

在大量的短期記憶中，只有海馬迴說OK的資訊才能放進長期記憶。海馬迴會對照過去的記憶與新的記憶，把相關的資訊移往長期記憶。

# 04 運用喜怒哀樂，大幅提升記憶力

記憶協調員「海馬迴」是暫時保管記憶的倉庫。

那麼，具體來說暫時是指多久呢？

這是依每個人海馬迴的活力度而異，也會依記憶的內容產生落差，基本上是二至四週。

例如，記得昨天午餐吃了什麼，卻想不起三週前的星期三吃了什麼。

「三週前是和熟人到經常去的快餐店吃每日例餐。」假如沒有其他特別的資訊，海馬迴就會判斷這不是重要資訊，將其從短期記憶中刪除。昨天吃了什麼也是如此，過了幾週，海馬迴就會刪除這個記憶。

請問各位一件事：

你還記得三個月內吃過哪些午餐嗎？

看到電視節目介紹，決定去吃吃看的義式餐廳；假日和另一半或家人造訪觀光景點的餐廳；工作告一段落，花大錢犒賞自己的壽司。

像以上這些，如果算是特殊情況的事，過了幾個月還是會記住。

電視節目的介紹、假日的出遊、工作後的犒賞等具有故事性的特殊情況，經常伴隨著高興、開心或悲傷等情緒。

這類的記憶有別於一成不變的日常生活，被分類在「情節記憶」。

其實，記憶協調員海馬迴的隔壁正是感情系腦區的中心：杏仁核。當發生情緒大幅波動的情況時，連接感情系與記憶系的腦區途徑會受到刺激，海馬迴就會判斷那是重要資訊。

**也就是說，情節記憶會無條件被移往長期記憶。**

既然如此，就要好好活用這個特性。

活用這個特性的關鍵是，運用情緒變化。只要在學習時投入感情，記憶力就會大幅提升！

## 【記憶系對感情系沒轍】

感情系的喜怒哀樂能量很驚人，懶散的記憶系和海馬迴也拿她沒轍，總是無條件收進長期記憶。

# 05 利用興奮積極的情緒欺騙海馬迴

當我們處於「喜歡這個」、「這件事很有趣」等興奮積極的情緒時，海馬迴會釋出頻率 4 Hz～8 Hz 的腦波「希塔波」（Theta Wave）。

**釋出希塔波的時候，海馬迴的運作變得活絡，對於進入大腦的資訊會做出「這個很重要！」的判斷。**

進而開放連結長期記憶的途徑。

因此，若想要有效率地學習，就應該對於棘手或難以喜歡的事物，想方設法變得喜歡。

話雖如此，做不想做的事實在很難覺得開心。

為了升遷、考試而不得不去做的事，非但不覺得有趣，而且還是在不情願的狀態下進行學習，此時大腦會分泌壓力荷爾蒙，使得海馬迴萎縮，導致記憶力下降，可能還會喪失幹勁。

在第四十三頁介紹過大腦君的個性，基本上大腦具有容易受騙的特質。當然，對於不想做的事能覺得有趣、喜歡是最好的事，但就算做不到也沒關係。

只要騙過大腦，讓它產生開心、有趣的錯覺即可。

那麼，具體來說應該怎麼做呢？

**各位請記住，是要以「興奮積極的情緒」面對學習這件事，**

**而不是勉強自己喜歡學習。**

例如，喝喜歡的拿鐵咖啡，以愉快的心情學習；預設好通過考試後要給自己怎樣的獎勵，想著那個獎勵翻閱教科書；或是去找喜歡的老師，報名線上課程，藉以提高興奮的情緒。

有資料顯示，釋出希塔波的時候，學習速度會從兩倍上升為四倍（德州大學學習與記憶中心，霍夫曼等人的研究）。

**比起普通的學習方式，這麼做只要花25～50%的時間與體力就能記住想要學習的知識。**

面對棘手的事物時，把「喜歡」的事物放在身邊，營造讓大腦容易運作的環境很重要。

## 「釋出希塔波，賺取紅利」

大腦很容易受騙，面對棘手的學習，搭配令心情興奮愉悅的事物一起做。只要大腦釋出希塔波，記憶力也會跟著提升。

# 06 理解後說出：「原來如此，我懂了！」這樣就會記得住

欺騙記憶協調員海馬迴，打開連接長期記憶的途徑，不只可以以興奮的情緒採取行動而已。

還有一招是「原來如此！」這樣的想法。

光是這麼想就能讓理解系腦區確實發揮作用，將學到的事直接保管為長期記憶。

接下來，以許多人出社會後學習的英語為例進行說明。

這也可說是日本英語教育的缺失，多數人因為很難學會文法而感到困擾，其實我也曾經如此。

文法是向對方傳達訊息的語順規則，日本的教育重點是記住這個規則。

也就是強迫學生依賴記憶系腦區的學習方法。

因為學生時代有著那種學習經驗，儘管已經切換為大人腦，還是會想靠死背硬記的方式記住文法，偏偏又記不住。

有些人在學生時代很努力默背，記住了不少文法。可是，即便考試的時候答得出來，工作上要實際運用時，不少人卻碰壁。因為當大腦正在組織文章時，話題內容卻不斷改變，所以無法即時融入談話之中，這也是很多人遇到的煩惱。

既然文法是表達的規則，知道在不同的情況下要使用不同的文法，這點很重要。

**不只是英文文法，條例或法令、化學式等，運用理解系腦區去理解，學習哪種情況適合活用哪種知識才是正確做法。**

為什麼運用理解系腦區，學習的內容就會自動移往長期記憶呢？因為為了要理解，必須從記憶的倉庫找出過去儲存的資訊，進行比較、檢討，串連新資訊，擴大理解的範圍。

這時候，如果是和過去認為「很重要」而移往長期記憶的資訊連結的事物，記憶協調員海馬迴會判斷為重要資訊。

理解系腦區和感情系腦區一起發揮作用，更容易讓海馬迴將資訊移往長期記憶。

例如看了描述友情的電影很感動，因為想用英語表達心情而查了文法，進而理解「原來如此，這樣說就可以了啊」。或是上英語對話的線上課程時，為了增加與會話對象的話題，想聊聊足球這個興趣。事先調查想說的內容，進而理解「原來在這個情況有這種說法」。

**出自體驗的理解，是以情節記憶加上理解的形式保管在長期記憶。**

此外，閱讀英文文章，試著問自己：「為什麼這裡要用 can？」這麼做也很重要。

刻意製造調查的契機，引導自己深入理解使用「can」的情況，主動積極地增加理解的機會，提升和文法的親密感。

「原來是這樣啊！」這麼想的瞬間正是理解系腦區發揮作用的時候，也是大腦活絡的時機。

理解系腦區的作用會帶給大腦很大的刺激。

大人腦不是死記硬背，而是理解再記憶。

運用這個訣竅，就算是與過去用相同的教科書學習，效果也會倍增。

# 07 反覆進入大腦的資訊會被移往長期記憶

還有一個方法能夠讓海馬迴覺得「這是重要的資訊」。那就是，趁著保管在短期記憶的二至四週這段期間，不斷地向海馬迴送出這個資訊。

**以學習來說，「複習」就是關鍵。**

只在工作上見過一次面的人，很難記得住名字。但經過數次電子郵件往來，日後有機會再見到時，自然也會記住對方的名字。

前文也有提到，人類的大腦很健忘，這在德國心理學家赫爾曼・艾賓浩斯（Hermann Ebbinghaus）的「遺忘曲線」實驗結果也獲得證實。

那個實驗是將對記憶力有自信與沒自信的人分為兩組，讓他們記住十個無特別意義的單字，調查過了一段時間後，這兩組分別會忘記幾個。

結果，無論是對記憶力有自信或沒自信的人，一小時後都忘了一半。二十四小時後忘了七個，四十八小時後忘了八個。

由此可知，如果什麼事都不做，傳達至大腦的資訊被忘記的機率很高。

即使是情節記憶或運用理解系腦區記住的記憶，如果使用的機會少，總有一天也會被埋沒在記憶的倉庫裡。

## 遺忘曲線

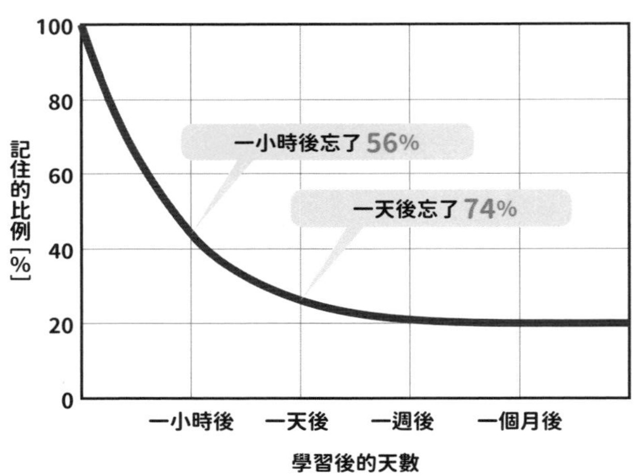


記住的知識在最初的一小時會很快忘記，然後曲線變得和緩。所以，就算是熬夜死記硬背，考完試後幾乎都會忘光，一天後忘了七成以上。基本上，每個人的大腦忘記知識的速度差不多，如果是沒時間準備的人，考前臨時抱佛腳的學習會產生效果。

## 俗話說打鐵趁熱，得到的資訊要趁新鮮的時候反覆記憶。

如同艾賓浩斯的實驗，起初記住十個單字，什麼都不做的話，過了一小時就會忘記一半。複習一次能夠記住七個，複習兩次能夠記住九個，透過複習會提升記憶的維持率。

開始學習某項事物的話，每天勤奮地向海馬迴發送資訊，就能牢牢留住記憶。

如果你有想記住的事，花一分鐘，不，三十秒就好，提醒自己不斷地去看或說出想記住的事。

這麼一來，大腦會認為這個很重要而將資訊移往長期記憶。

## 複習後的遺忘曲線

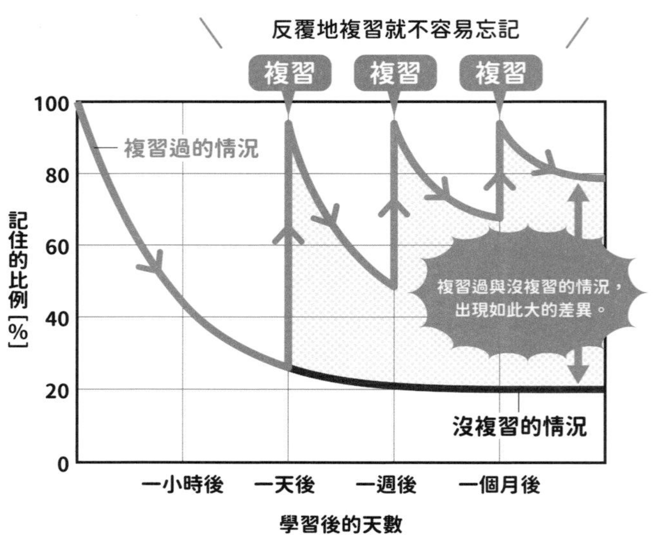


任何人都會遺忘記住的知識，所以複習很重要。在一天之內複習，接著在一週後、兩週後、三週後、一個月後不斷地定期複習，這樣就能留存記憶。也許有些人會覺得麻煩，但請看看上圖，「沒複習的情況」與「複習過的情況」記住的比例差距一目了然！不需要每天複習，只要養成定期複習的習慣。

# 08 當天複習能夠提升記憶的維持率

前文中艾賓浩斯的遺忘曲線實驗也提到，複習一次可以提高記憶力，當天重新整理資訊是維持記憶的重點。

記住的事情會暫時保管在工作記憶區，保管期間會出現怎樣程度的劣化因人而異。

以我為例，我知道自己保管完整記憶的能力較差，所以為患者寫介紹信時，如果是在診察當天的傍晚處理，十分鐘就能完成。拖到隔天就要花二十分鐘，一週後就得花三十分鐘以上，時間過得越久，必須花更多心力去回想。

對工作忙碌的商務人士來說，為了回想去翻閱資料是很浪費時間的事。

**以腦科學的角度來看，想要有效率地學習，當天複習是鐵則。**

假如記憶的維持率一開始是一百，當天不複習就會下降到五十以下。

隔天還會再下降，可能只剩下二、三十左右。

不過，如果當天複習，能夠讓記憶的基礎提升至八、九十。

這麼一來，即使到了隔天也能記住五十到七十，長期下來，應該可以減少複習的次數。

複習的時候，建議各位使用複習專用的筆記。

做筆記歸納要點會使用到理解系、運動系和視覺系腦區，容易留住記憶。

在第一百五十九頁對這個部分會有詳細說明，使用複習筆記，到了隔天想像自己是講師，向某人演講內容。

這麼做能夠同時運用到理解系、記憶系、傳達系、運動系、聽覺系等多個腦區，更加強化記憶的維持。

# 09

# 複習的時候，從教科書的中間開始

容易記住學習內容的開頭和最後，是大腦的特性之一。反之，很難記住中間的內容。

**複習的時候，刻意改變順序從中間開始，就能徹底記住知識。**

在我的診所，進行大腦診斷時有一段環節，那就是讓患者閱讀並記住三段短文。接下來也請各位試試看。

## 記憶測驗

井口眞央從工作了二十五年的飲料製造廠辭職，離開東京，回到家鄉福島縣，如願開了蕎麥麵店。

某天，蕎麥麵店的員工帶著現金前往銀行的途中遇到搶劫，被搶了十二萬又三千日圓。搶匪有兩個人，其中一人穿著黑色上衣和灰色運動鞋。

由於事發突然，員工摔了一跤，沒有追到犯人，但他有記下犯人騎乘的機車車牌「11—26」，三天後捉到犯人了。

多數人讀了一次，只會記住文章的開頭和結尾，很容易忘記中間的內容。

播出時間長達半年的 NHK 晨間連續劇或連續一年的大河劇，人們對於那些作品的開頭和結尾都記得很清楚，但中間的劇情是什麼，很少人能夠詳細記住。

其實，實驗心理學也已證明，中間的記憶會被遺忘。行動心理學的用語中有「初始效應」和「時近效應」，最初和最後的記憶容易成為短期記憶。

「初始效應」是指見到一連串的項目時，很容易記住最初看到的項目，這在一九四六年波蘭心理學家所羅門·阿希（Solomon Asch）的印象形成實驗中已被證實。

實驗中分為兩組，針對某個人物進行以下的描述。

A「開朗、率直、可靠、謹慎、急躁、善妒」

B「善妒、急躁、謹慎、可靠、率直、開朗」

雖然兩組都是相同的形容詞，根據最初的詞彙，A組給人積極正面的印象，B組給人消極負面的印象。

「時近效應」是一九七六年由美國心理學家諾曼・亨利・安德森（N・H・Anderson）在模擬裁判的實驗結果中提出的詞彙。

實驗中分為兩組，一組是從檢方到辯方依序作證，另一組是先從辯方，再由檢方總結證詞。

透過這樣的區別，觀察陪審員會做出怎樣的判斷，結果兩組都是最後提出證詞的那一方勝訴。儘管進行了各種討論，人們還是會忘記中間的過程，更容易記住最後的意見。

商務人士決定做簡報的順序，或是向顧客推銷商品的時候，經常活用初始效應和時近效應，學習事物時也可運用這兩個效應。

我們對於學習的東西比較容易記住開頭和結尾。

**也就是說，複習的時候，從難以記住的中間開始增加複習的次數，是個聰明的做法。**

假如前天念了第一頁至第十頁，隔天就從第四頁開始複習，有效率地彌補記憶的漏洞。

理解大腦的特性，除了加強已經記住的部分，同時彌補弱點，這麼做能夠提升記憶力。

此外，於一九六六年進行的記憶結構實驗也指出了一項關鍵。

實驗中分為A、B、C三組，讓他們記住十五個單字。A組在記完單字後直接進行回答，而B組和C組在記完單字後的十秒和三十秒內，用喊數字的方式進行干擾的情況下進行回答。結果，A組是開頭和最後的正確率較高，B組和C組是只有開頭的正確率較高。

起初因為要記的東西不多，各組都是記憶力良好的狀態，但最後只有未受到干擾的A組的正確率變高。

你在學習後是否會為了轉換心情而滑手機看新聞或上社群網站呢？這麼做會讓後半段學習的內容變得容易忘記，請務必留意。

# 第3章

# 激發大人腦幹勁的
# 超神學習法

長大之後不能靠死記硬背，必須先理解。好，我知道了！

你總算知道怎麼運用大人腦了。

對，所以這週末我打算花兩、三小時好好學習喔！

啊，那個……

你那樣做可能只是做白工。

什麼意思？

我是照著第二章的方法去學習啊。

你的做法是沒錯，但使用時間的方式沒有效果。與其一週花兩小時學習，不如每天花十分鐘學習，持續十二天，比較能維持記憶。

？！？！？！

# 01 我們只會閱聽喜歡的事物

大腦很排斥陌生的事物。

假如看到或聽到什麼都全部接收，很快就會占滿大腦的記憶容量，所以大腦只會接收需要的資訊。

獲得資訊後，各腦區開始運作。為了提高大腦功能，仔細看與聽是最初的重點。

這也可說是培養靈活的眼力與耳力，看想看的事物，區分想知道的事物。

**視覺系與聽覺系具備挑選資訊的特性。**

被視覺系與聽覺系喜歡，並加以吸收的資訊是關於生死之事、有興趣的事物、喜歡的事物，以及和過去所見所聞相似的事物。

人類也是動物，在漫長的歷史中，最重要的任務就是活下去。因此，「這個吃了會有危險」、「在這裡做這樣的事會危及性命」，這樣的資訊會被優先吸收。

其次偏好已經知道的事物。

好比去超商買東西，原本很專心地在挑選商品，沒注意店內播放的音樂，但若是一聽到是喜歡的藝人的歌曲，立刻就會有反應。或是在擁擠十字路口的人群中，能夠找到偶然出現在那裡的熟人等，這都是因為視覺系與聽覺系對資訊的選擇性。

平時我們以為自己看到或聽到了一切，其實就像根據網頁瀏覽或搜尋紀錄顯示的網站或社群廣告那樣，只有自己最有興趣的資訊才會進入大腦。

**有興趣的事物、喜歡的事物，以及看過或聽過的事物。這些已經儲存在記憶的倉庫。**

記憶系腦區經常在腦中進行監控，遇到已經知道的資訊，就會像配對軟體一樣向視覺系或聽覺系發出指令：「快看那個！」、「快聽那個！」

因此，我們能夠在人群中找到熟人，在人潮中辨識出對方的聲音。

## 「海馬迴喜歡和過去的記憶相似的事物」

海馬迴認定長期記憶裡的資訊都很重要，經常忽略新資訊，所以必須讓他覺得「咦？這個好像有印象」。

了解大腦的這個特性後，就能找出突破困難考試的方法。

**在學習方面，對於想加深知識的領域，先熟悉該領域相關的關鍵字，這點很重要。**

就算大腦一開始毫無興趣，只要一再重複輸入相同資訊，慢慢地就會產生好感。

**也就是說，逐漸提升想知道的知識與自己的親密感。**

讓大腦覺得這個資訊是「熟面孔」，就會留住記憶。

這麼一來，在不自覺的情況下，透過記憶系腦區的指令，視覺系與聽覺系就會主動收集資訊，好比充滿磁力的磁鐵。

好好活用並強化這股磁力般的吸引力，可說是大人學習法的訣竅。

## 【資訊的磁力】

讓大腦與想記住的知識變得親近，就會透過磁鐵般的磁力，主動吸引想知道的資訊。爲了運用那股磁力，保持和知識的交集很重要。

# 02 慢慢熟悉想記住的知識

為了將來著想，打算去考沒接觸過的領域的證照；因為對換工作有所幫助，試著挑戰及格率低的證照考試。人們通常不太會主動喜歡學習難度高的事物。

接下來為各位介紹一個提升喜歡的感覺，進而推動學習的方法。

如前文所述，視覺系與聽覺系會像磁鐵一樣去吸引熟悉的事物，選擇所見所聞。

## 先運用這個磁鐵般的吸引力，找出「交集點」。

「啊，我知道這個！」、「好像聽過這個！」大腦對這類的資訊會產生高度親密感，能夠積極地接受。

而且，對於和已知事物相關的資訊，自然也會提高理解力。

「雖然不是完全理解，總覺得可以知道想表達的意思」，有這種程度的認知就是完美的交集點。

用試著找出交集點的心態開始學習的話，通常不建議立刻去翻閱厚重的參考書。

艱澀的書籍和參考書，或是令你感到棘手的考題，只會消除交集點，千萬別碰！

我本身就是如此，對於看很多字的書感到棘手的人，一開始不要刻意去選厚重的參考書。

從導向容易理解的觀點來看，以兒童為對象的漫畫，或YouTube等網站上簡單易懂的說明影片都是不錯的選擇。

那些可說是提高親密感的良好契機。

完全沒興趣，根本無法理解

←

好像有聽過？

這就是找到交集點的證據。

就像爬山，無法在短時間內一下子攻頂，得先從山腳爬到半山腰，配合自己的身體狀況才能樂在其中。學習也要樂在其中才能確實學會。

# 03
# 隨意翻閱參考書，從「我知道這個」的內容開始讀起

投入新的主題時，我會先尋找交集點。

假如你手邊有一本內容艱澀的書，先試著隨意翻閱，即使不了解單字或圖片，但若看到出現「我知道這個！」的想法的部分，先讀讀看前後文的內容。

然後，當你有「哦，原來這本書是這樣的內容啊」的感覺時，原本感到排斥的這本書，自然會進入你的接受範圍，可以確實感受到對書的親密感。

如果從第一頁開始讀覺得「好無聊」，卻還是硬讀下去，那麼就算花時間閱讀，那些資訊也不會傳到大腦，這是很沒效率的

做法。

因為喜歡足球，很輕鬆就能記住外國足球選手的名字，但偏偏記不住歷史偉人的名字，很多人應該都有類似的經驗吧。

**大腦對於喜歡和不喜歡的事物會有明確的差別待遇。**

大腦會熱中研究喜歡的事物，發揮「想再知道更多」的好奇心。

**爲了活用這個特性，對於不感興趣的東西，不要從無聊的部分開始閱讀。**

如果學生時代的學習方法是階段性的累積理解，長大之後的學習法就像在空白地圖上喜歡的地方塗顏色。

只要空白地圖都塗上顏色就可以了，從哪裡塗都沒關係。

先試著找出交集點，塗上顏色後，接著看看四周，自然會加速提升親密感。

如果翻閱厚重的書，看了自己有反應的部分，卻覺得對內容一知半解，那就來試試其他方法。

例如，想深入理解某個領域時，不妨讀讀看該領域的專家自傳。

「他在哲學書裡總是說一些很難懂的事，沒想到是喜歡釣魚的人」、「現在看起來光鮮亮麗，其實也吃了不少苦啊」，像這樣接觸對方私底下的性格，增加親密感，就能減少對那個領域的排斥感，這種經驗我有過好幾次。

也許有些人覺得閱讀和學習內容無關的自傳是在浪費時間，但若你能夠提升和學習項目的親密感，那會更加願意學習。

當大腦產生了親密感，那麼理解系、視覺系、聽覺系和記憶系腦區的運作狀態也會變得良好。

長大之後，要想方設法填補「自己」和「必須記住的事」之間的落差，那就試著找出能夠喜歡的交集點。

這麼一來，腦區就會不斷主動地吸收知識。

# 04 與其集中學習兩小時，不如連續十二天，每天學習十分鐘

大腦本來就很懶惰，來自視覺系與聽覺系那種磁鐵般的吸引力，一不小心就會變弱。

想要學習某項事物，經常讓那件事存在腦中是理想狀態。若不保持高度親密感的狀態，視覺系與聽覺系偷懶的個性會讓感應資訊的能力明顯下降。

**換言之，大腦對於有連續性的事物會充分發揮作用。**

因為平常沒時間，有些人會利用週末集中學習兩小時。那麼做並無大礙，但一週內只花兩小時學習，這樣的做法很可惜。

到了明天或後天還能維持高度親密感的狀態，偶爾會想起學習過的內容。

可是，只要過了三天，因為忙著處理生活瑣事，學習記憶就會變得薄弱，這是很自然的現象。於是，視覺系與聽覺系的資訊感應能力變弱，就像艾賓浩斯的遺忘曲線那樣，花了兩小時記住的內容無法移入長期記憶，幾乎都忘光了。

這麼一來，到了下個週末又得先回想上週學習過的內容，平時沒機會儲存新知識、獲得新靈感，始終無法提升學習效率。

為了避免這種情況，可以嘗試的方法很多。

我最推薦的方法是，不要一次集中學習，一天花十分鐘也好，每天持續地學習。

**以腦科學的角度來說，比起集中學習兩小時（一百二十分鐘），每天學習十分鐘，持續十二天是更加有效率的做法。**

每天持續學習的目的是把想學習的內容經常放在腦中，建立彼此的親密關係。

如果有喜歡的人、事、物、偶像等，工作或外出時會沒來由地想起對方對吧。

和學習的事物保持這樣的親密距離。

**也就是說，讓大腦和學習之間建立連續性。**

即使工作再繁忙，每天也應該撥出十分鐘的時間。如果覺得這是對自己有幫助的方法，那更要積極去做。

雖然一天只花十分鐘，但對於維持大腦的連續性是最適合的方法。

每天持續將資訊送到海馬迴，讓海馬迴判斷為重要資訊，學習過的內容就容易留下記憶。

而且，視覺系與聽覺系的資訊收集力也會提升，在學習以外的時間吸收不經意看到的資訊，增加思考其他資訊的時間。

我想每個人應該都有這樣的經驗，明明在處理不同的事情，突然想起「啊，對了！那就是這麼一回事吧」，頓時串連起學習過的知識。

這種現象正是因為大腦的連續性。

以腦科學的角度來說，即使是在無意識的狀態下，大腦對於有連續性的事物也會產生反應，促使各腦區發揮作用，取得資訊。

一天十分鐘的持續學習，會讓大腦建立主動運作的模式，能夠有效率且深入學習。

## 【勤奮接觸將有所回報】

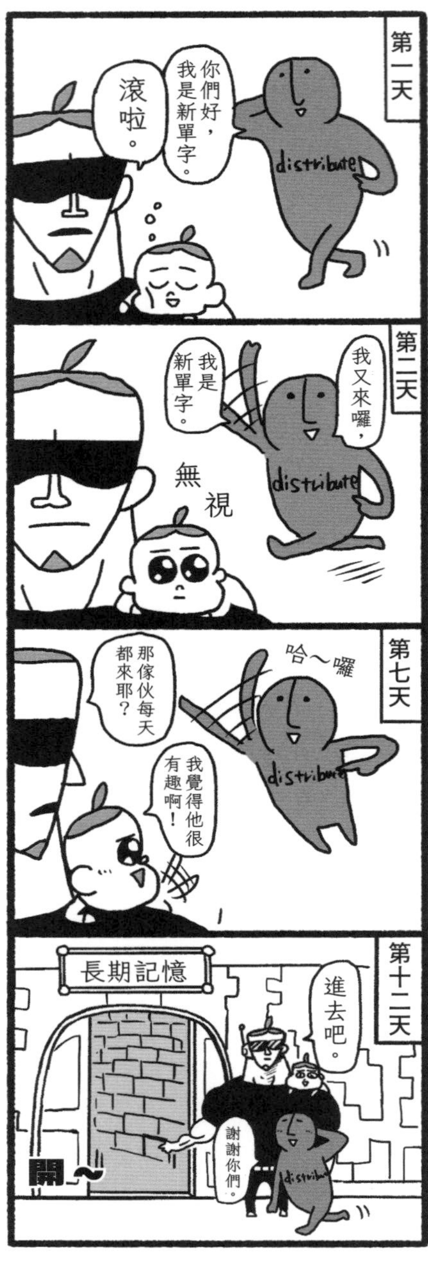


如果想記住新知識，就算時間不多，只要每天和大腦保持接觸，勤奮的行動便會得到記憶系的認可。

# 05 用「複習筆記」串連想記住的知識和大腦

為了維持大腦的連續性，我所實行的方法是，隨身攜帶統整了學習內容的筆記。

我將這個稱為複習筆記，只要有空檔就會拿出來翻閱。

我們在日常生活中要同時處理好幾件事。以我的個人生活為例，為了身體健康，每天都會健走，另外還要撥時間輔導兒子的課業，也很重視和家人相處的時間，很在意愛犬的健康。工作方面，每天要為病患診療、接受採訪、寫論文等，要做的事一大堆。

即便如此，我還是想要學習新領域的知識。

然而，想學習的新事物對於每天必須做的事情而言是新加入的項目，若放進每天例行的待辦事項中，會很快被埋沒，一下子就忘記。

為了避免那種情況，翻閱複習筆記，從平常要處理的事項中拉出想學習的新事物。

例如到餐廳吃飯，等餐點上桌的那段時間，翻閱一下複習筆記，就會提醒自己「對了，我要查查看這個」或是「之後來學這個吧」，與學習保持密切連結的狀態。

當然，維持連續性的連結線是越粗越好，但畢竟是在忙碌的生活中學習新事物，就算那條線變細也沒關係，重點是別讓線斷掉。

**即使是再細的連結線，大腦也能確實掌握資訊。**

多看幾次已經掌握的資訊，讓傳達系腦區發揮作用，促使其他腦區跟著動起來，不只會維持「大腦的連續性」，容易讓學習內容變成長期記憶，有需要的時候也能很快想起來。

# 06 進行大腦的熱身操，就能順利想起舊的記憶

重新學習過去已經學過的事物時，只要有意識地運用大腦的連續性，就能順利學習。

學生時期，英文對我來說是相當棘手的科目，準備考醫學系的時候，也因為英文的分數太差而重考。

長大之後，接觸到腦部磁振造影（MRI），我在二十五歲以後已經擁有能夠寫英文論文的能力，並在三十五歲到美國留學，度過了六年置身於英語環境的生活。

所以，如果你問我會不會說英語，我的回答是「會」。只是，現在沒辦法像在美國生活時說得那麼流暢。

畢竟英語和日語的腦區運作方式不同。

現在我還是會用英文寫論文，但置身在日語的環境中，腦區是在方便使用日語的狀態，突然要寫的話，會遲遲難以下筆……

**以我的情況，要寫英文論文的時候，會從一、兩週前就開始進行「切換大腦」的大腦熱身操。**

一天之中挪出一些時間接觸英語，慢慢擴大使用英語腦的領域。

好比和兒子聊聊在美國生活時的往事，喚起曾經用英語輸入的記憶，有意識地運用英語腦。

一再重複做這些事，閱讀英文論文的速度會變快，用英文書寫也會慢慢變輕鬆。

於是漸漸產生了「喔，狀態不錯唷」的積極情緒，大腦的運作變得更流暢，也激發出幹勁。

利用這個良好的循環，調整成能夠使用英語腦的狀態。

這種做法不只限於英語。

以前學過、已經移入長期記憶的事物，全部都留存在大腦之中。

**可是，久未使用的話，記憶系腦區必須先從記憶的倉庫找出**

**那個學過的內容。**

**大腦的熱身操也可說是挖掘記憶。**

翻閱參考書時，從「啊，這個好像有印象」的部分挖掘記憶，藉由大腦「已經知道的事物＝具有高度親密感」的特性，產生對於今後看到的資訊容易進入大腦的效果。

同樣地，每天稍微接觸想學習的事物，讓大腦做出「連續性的事物＝重要事物」的判斷，視覺系與聽覺系就會主動收集資訊。

提醒各位一件重要的事，大腦切換的準備期要提早一至兩週。

光是這麼做，學習起來就會像是乘風破浪，大有進展。

# 07

# 只要花七十五小時，腦區的運作模式就會改變

隔了一段時間再到美國參加學會，即使大致理解對方說的話，卻沒辦法立刻給予得體的回覆。

即使已經輸入，卻難以輸出。想要回到在美國生活六年的英語流暢狀態，大約需要花五天。

由此可知，腦區的變化需要一定程度的時間。

開始學習新事物，在感到有趣之前，也要花上幾天。

這相當於腦區運作方式改變的時間。

**因爲大腦在接觸到新資訊時，搞不清楚要運用哪個腦區，無法順利處理資訊。**

處理資訊時，大腦會消耗大量的氧，開始學習這件事讓大腦受到新刺激，增加腦中的血液流量，無法有效率地處理資訊，也沒辦法好好進行氣體（氧氣）交換，使得大腦非常疲勞。

那是導致情緒焦躁或低落的源頭，也是學習沒有進展的原因之一。

不過，重複接觸相同資訊會提升大腦的資訊處理能力，氣體（氧氣）交換變得順暢。

於是，大腦的樹突狀態變好，提升大腦整體的運作。

這麼一來，心理狀態也會變好，產生「想知道更多」的意願。

**我認爲要大腦接受新的學習，順利地開始運作，大概需要七十五小時。**

我在美國花了五天才切換成英語腦，除了睡覺，其他時間都在接觸英語。這樣計算的話，五天乘以十二至十五小時，等於六十至七十五小時。

這麼說來，一天花五小時做某件事，十五天就有七十五小時，腦區便會發生變化。假如一天學習一小時，大約兩個半月會達到七十五小時；若一天只學習三十分鐘，持續五個月左右，腦區也會有所成長。

我根據患者和兒子的腦區出現變化的實際體驗，也是得到差不多的數據。

因此，想要學會新事物，用七十五小時倒推，從一天花費的時間導出需要的天數，再以那個天數規劃進度。

規劃進度也能活化思考系腦區，簡直是一石二鳥。

由於已經做好計畫，所以就算沒學會也不會過於焦慮，而是會覺得「腦區正在改變，再稍微努力一下吧」。過去經常在學習上受挫的人，請務必試試看這個方法。

# 08

# 留意輸出，進行學習

「明明有念書卻想不起來。」

考試時遇到這種情況真的很頭大。

**要達到所謂的「記憶力好」，記住的能力固然重要，但想使用記憶的時候，隨時都能想起記住的事，這種能力更重要。**

若想提高這種能力，重點在於「經常留意輸出」的學習方法。

八個腦區的任務分為輸入與輸出。

吸收雙眼或雙耳得到的資訊，理解並記憶。和這些有所關聯並發揮作用的「視覺系、聽覺系、理解系、記憶系（＋感情系）腦區」負責輸入，將資訊傳給大腦、儲存知識，它們位於大腦後方。

產生情緒反應，促使大腦運作，以及採取實際行動，與人商討或傳達的「感情系、思考系、運動系、傳達系腦區」會根據負責輸入的腦區收集的資訊，做出反應。這一系列動作被分類在輸出，位於大腦前方的額葉周邊（感情系腦區在大腦的前後，涉及輸入與輸出）。

大腦後方輸入的資訊送往大腦前方輸出。

這一連串過程流暢進行，正是大腦活絡的狀態。

從家裡前往車站的路上，我們會看到、聽到許多事物。但，那些幾乎不會留存在記憶中。

在每天走習慣的路上，看見某棟建築物被拆除成空地，卻想不起來那裡以前是什麼。那是因為我們只是看過，並未記住。日常風景之類是以輸出為前提，並未輸入大腦。為了想起那裡曾經有過什麼，要將看過的事物當作資訊理解並記憶，將這個資訊交接給負責輸出的腦區。

這種大腦的團隊合作是提升腦功能的重點。

**爲了提升大腦的團隊合作，必須讓傳達系腦區變得活躍。**

有效活化傳達系腦區的方法之一，就是輸出。輸入資訊時，有意識地輸出很重要，讓傳達系腦區和具有輸入功能的理解系、記憶系、聽覺系腦區形成緊密的聯絡通道。

即使是像以往一樣花費相同的時間輸入，輸入時只要同時留意輸出，就會強化大腦的合作，效率變得截然不同。

華盛頓大學約翰．內斯蒂科（John Nestico）博士等人進行的實驗得到這樣的結果。

將五十六名大學生分為「看完後告訴別人」、「看完後考試」和「不給予任何指令」三組，讓他們閱讀戰爭電影的相關文章。過了一段時間，進行學習內容的自由描述與簡答測驗，結果「看完後告訴別人」的組別成績最好。

從這個實驗結果可知，只是以輸出為前提，大腦的運作就變好了。

一開始就告訴自己「明天必須發表學習的內容」，讓腦區產生緊張感，主動收集資訊（運動系）、理解（理解系）所見所聞（視覺系與聽覺系）、進行思考（思考系）並記憶（記憶系）、傳達給某人（傳達系），腦區就會像這樣統統動起來。

**不只是輸入，大腦本來就具備「輸出強化性」——輸出時能夠想起已經吸收的資訊。所以，輸出對提升記憶力而言很重要。**

提升大腦整體的功能，培育可以終身發揮作用的健康大腦，必須隨著年齡漸漸提高輸出的比例。

在社群網站發文、做筆記唸出來，日常生活中有許多機會可以輸出已經輸入的資訊。試著以「如果是自己的話會怎麼想」的觀點問自己，養成這種習慣能夠磨練輸出的能力。

學習的時候也是如此。

閱讀教科書時，想著「要把這些內容告訴完全沒有這方面知識的第三者，應該怎麼說比較好？」、「統整成三個要點寫下來的話，應該怎麼分類比較好？」閱讀文字的時候留意輸出這件事，會讓各腦區的合作更順暢，藉以活化大腦。

腦科學最推薦「留意輸出，進行輸入」的學習方法，把想到的事寫成筆記，就像要對某人說明那樣，製造層層堆疊的輸入狀態。

反覆進行輸出也可以讓大腦充分運作，提升記憶力，請各位記得試一試。

# 把想記住的內容，配合感情說出來

唸出筆記的內容，把學過的事情像在對某人說明那樣講出來，這些前文介紹的輸出方法，因為是像演獨角戲般的自言自語，在習慣之前也許會感到彆扭或排斥。

不過，經濟學家彼得．杜拉克曾說：「教導別人的時候，自己會學到更多。」像是對某人說明的說話方式，可以讓你發現許多事。

以為已經理解的事，為了向某人傳達，理解上的曖昧之處會浮現，變得詞窮或無法好好說明。曖昧不明的部分浮現之後，針對那個部分重新學習即可。

傳達的過程中，有時也會發現「欸，這裡是怎樣呢？」的新疑問，那樣的察覺可串連起下一次的學習。

習慣了獨角戲般的自言自語後，試著投入感情。

如前所述，感情系腦區鄰近記憶系腦區，伴隨情緒的事物容易留住記憶。

當然，如果有能夠傾聽或討論的對象，請好好感謝對方給你輸出的機會，踴躍說出口。

# 第4章

# 活用腦區特徵的超神學習法

我知道怎麼和大人腦好好相處了。

那真是太好了。

還有其他訣竅嗎？

你變貪心囉……
那我問你，回想事情的時候，
你是靠影像還是聲音？

我想，應該是影像吧……

這樣的話，你用YouTube或線上課程學習的時候，做筆記寫下來應該可以提升記憶力喔。

原來如此，謝謝你告訴我這個好方法。

# 01 女性比較適合聽覺的學習，男性比較適合視覺的學習

坊間有許多強調關於大人學習法的書籍或資訊。

雖然每個內容看起來都頗有道理，但有一件事千萬別忘記。

那就是，那些做法通常是最適合當事者的方法。

試過別人推薦的好方法，卻覺得行不通、沒成果的話，應該要想想看那個做法是否適合自己，應該要了解自己的大腦擅長怎麼運作。

資訊是學習的開端，也是大腦的營養來源，透過視覺與聽覺

輸入大腦。

如前文所述，視覺系與聽覺系運作良好會受到理解系的信賴而成為它的左右手。

**在視覺系與聽覺系中，何者較處於優勢，這是因人而異。**

概括來說，多數女性是聽覺系較強，占整體的八成左右；而多數男性是視覺系較強，占整體的六成左右。

聽覺系腦區較強的人，特徵是容易接收語言的資訊。

看電視的時候，就算來不及看字幕，也很容易理解聽到的內容。

這類型的人比起書本，更適合聽廣播、ＣＤ或有聲書的學習方式。

視覺系腦區較強的人，特徵是容易接收文字的資訊。

只靠聽覺獲取的資訊，難以留住記憶，所以邊聽邊記，將資訊文字化很重要。

此外，在學習之前，如果有當作範本的對象或方便用於學習的工具，也會激起學習意願，這是視覺系的特徵。

請記住，從看得到的物品讓自己產生幹勁也是不錯的方法。

先了解自己在哪方面處於優勢，再進行學習，就能提升學習效率。

以我為例，我是視覺系腦區較強的類型。

三十五年來看過不少腦部影像，視覺系↓理解系的途徑已經高速公路化。

因此，若是有人告訴我「背英文單字就是要多說」，即使這對作用較弱的聽覺系腦區是一種訓練，但以記住英文單字為目的的話，對我而言不算是好方法。

對視覺系腦區較強的人來說，寫出英文單字，透過雙眼確認文字比較容易留住記憶。

不只是默讀，必須邊寫英文單字邊唸出來，雙管齊下才有效。

了解自身優勢為何，就能確立屬於自己的學習方法。

這麼一來，嘗試學習未知的領域時，大腦也能發揮作用，慢慢地喜歡學習。

但，仍有少部分的人，無論是使用看或是聽的技巧，都無法好好學習。

這類型的人必須運用運動系腦區進行理解。

結合聽覺系與視覺系，將聽到的內容打成文字，透過雙眼確認、理解。不只是把聽到的內容寫下來，而是像寫日記那樣，記錄自己的體驗並記憶，盡可能採取「實際行動」。

# 02 你是視覺派？還是聽覺派？

回想以往的學習方法，各位應該知道自己是視覺系優先還是聽覺系優先。

有個方法可以判斷。考試的時候，你是從聲音（老師說的話或自己唸出來的內容）回想答案，還是透過文字或影像回想答案呢？

若是無法確定的話，對之後的學習方法容易產生疑惑。

那麼，來做個小測驗。

請先闔上本書，試著把「手錶」倒過來說。

你能夠馬上說出「錶手」嗎？

當正想著要怎麼說的時候，如果你：

・腦中浮現的文字是影像，屬於視覺系腦區較強的人

・靠著讀音直接說出來，屬於聽覺系腦區較強的人

假如還是無法確定，做做看左頁的檢測，符合項目較多的就是你比較強的腦區。

# 視覺派或聽覺派檢測

## 視覺系優先的特徵

符合項目

- [ ] 擅長運動或遊戲
- [ ] 喜歡接觸大自然
- [ ] 透過影像記憶文字或數字
- [ ] 經常用文字或圖畫記事情
- [ ] 擅長繪畫或重現看過的事物

## 聽覺系優先的特徵

符合項目

- [ ] 小時候學過音樂方面的才藝
- [ ] 喜歡傾聽，聽演講也不覺得累
- [ ] 經常聽音樂，沒有音樂就靜不下心
- [ ] 時常用哼唱的方式記住語言或數字
- [ ] 別人說的事就算沒記下來也不會忘記

# 03 視覺派或聽覺派都必須透過「唸出來」進行聽覺訓練

無論你是視覺系優先或聽覺系優先，養成運用聽覺的習慣對活化大腦非常重要。

**因爲聽覺比視覺更能夠連結記憶，容易接近暫時保管記憶的海馬迴。**

在記憶事物方面，比起依靠視覺系腦區，依靠聽覺系腦區會更有利，這是已被證實的事。

上了年紀聽力變差，記憶力同時下降，這是因為聽覺系的作用變弱，無法順利接近海馬迴。

**由此可知，聽到的資訊會影響大腦的運作。**

運用聽覺的優點是，除了聽覺系腦區之外，也能同時運用到其他腦區。

例如，平常與人閒聊時，為了順利達成溝通，仔細傾聽（聽覺系）、理解（理解系）後，統整自己想說的話（傳達系）並說出口（運動系），藉由這一連串的流程，同時運用多個腦區。

活用這個流程的學習方法之一就是「唸出來」。

默讀的時候，主要是運用視覺系腦區。

透過「說出口」這件事，不只是視覺系，也會運用到傳達系與運動系，同時在聽到自己的聲音時也會運用到聽覺系。

如前所述，發揮作用的腦區越多，大腦就會主動變得越來越好。

應該不少人有過這樣的經驗，即使是內容艱澀的教科書，唸出來之後，並在腦中加以整理就能理解。這種現象就是藉由讀出來的聲音活絡大腦。

此外，像是英文單字等，比起默讀，唸出來更容易記住。

但，若是視覺系優先的人，請試著邊寫邊唸出來後再讀，或是仔細看寫出來的東西，唸出來記住。

## 唸出來試試看

比起雙眼看到的資訊，雙耳聽到的資訊更容易接近海馬迴。而且唸出來給自己聽能夠促使多個腦區動起來，容易留住記憶。

# 04 想要重新學習時，有效率的學習法

用唸出來的方式能夠同時運用多個腦區，有助於留住記憶。

不過，我們無法隨時處於能夠將聲音讀出來的環境。對忙碌的商務人士來說，搭乘電車或在咖啡廳休息的時候是絕佳的學習時間，可是，顧慮到旁人，無法發出聲音。

這時候，能夠派上用場的是傳達系腦區。

在意旁人眼光，又很想記住現在閱讀的內容時，試著先想想看「之後要向某人說明讀過的內容」，或是「到了公司，要把現在閱讀的內容做成簡報」。

如同第一百七十四頁所述，光是這麼想，傳達系腦區就會成為所有腦區的監視者，各腦區會變得比平常更認真工作。

然後，下了電車或離開咖啡廳後，試著統整自己的想法。例如「這本書想傳達這樣的事」、「如果要分享這本書的感想，我要這麼說」等。

這麼一來，就會運用到思考系和理解系腦區。

回家後，將當時想到的事寫在部落格或推特等社群網站，接著像是要告訴某人那樣，試著唸出文字。

假如是用演獨角戲般自言自語的方式（第一百七十六頁），

試著邊說邊投入感情（感情系腦區），這樣做更棒。

感情系腦區發揮作用，記憶系腦區將資訊從短期記憶移往長期記憶的可能性就會提高。

我兒子會把每天在學校學到的事告訴我，這已經是他的習慣。自從開始這麼做，他的成績持續進步。

能夠對別人說明才是真正的理解，這句話一點也沒錯。

# 05 沒時間的人，在睡前活用聽覺的學習法

**聽覺從一大早就開始活動，直到一天的尾聲，閉眼睡覺前仍在持續活動。**

躺在床上，閉上眼睛後就不會透過視覺得到資訊，但我們無法擋住透過耳朵聽到的聲音。

接下來為各位介紹活用這種腦區的運作方式，利用晚上睡前的時間學習的方法。

白天總是抽不出時間學習，有工作的人難免會遇到這樣的情況。不過，帶著「啊，今天什麼都沒做……」的負面情緒入睡是

很不好的事。

想著至少唸一下學習的內容再睡，但偏偏提不起勁的時候，試著聽有聲書或廣播，使用透過耳朵學習的工具。

可利用搭電車或開車移動過程中的空檔時間聽，有聲書或廣播對忙碌的人來說是相當方便的工具。

而且，聽覺系腦區很懂得向記憶系腦區宣傳自己的存在，即使是視覺系優先的人也是如此，試著把聽有聲書或廣播的學習方式當作強化腦區作用的大腦訓練。

後文也會提到，人的記憶在睡眠過程中會被統整且留存。

由此可知，睡前活用聽覺獲得資訊的學習方法相當有效。

# 06

# 透過健走，提升大腦的資訊處理能力

在第五十六頁有提到，運動系腦區是所有腦區的能量來源。

我們在母親肚子裡的時候會握拳、吸吮手指，那些正是之後運用運動系腦區的暖身動作。出生後，馬上放聲大哭、揮動手腳，這些舉動促進大腦功能的發育。

因為運動系發揮作用，使得視覺系與聽覺系跟著運作，藉由視覺和聽覺輸入並輸出。

**運動系腦區好比大腦的啟動裝置，如果不運動，大腦就會變差。**

大腦不靈活，資訊處理能力會降低。

在腦中想像資訊時，運用的語言也和運動系有關，假如不運動，創造力也會變弱。

我個人十分推薦的運動是健走。

工作久坐的人，一天以走六十分鐘為目標，這麼做能夠維持大腦的健康。

想讓大腦的運作更加活絡，提高知識生產力，建議走八、九十分鐘左右。

假如工作中有機會活動身體的話，走約三、四十分鐘即可。

另外，可以利用健走的時候，控制走路時使用腦區的方式。

下班後覺得腦子疲勞時，盡量避開人群或店家林立的地區，減少雙眼接收的資訊量，邊走邊讓腦袋放空，消除大腦的疲累感。

走路除了能夠維持身體健康，適度的身體疲勞也能提升睡眠品質，對大腦來說是非常重要的要素。

我每天早上都會健走一小時。

積極運用運動系腦區，提高腦區能量，讓大腦變好。請別小看走路這件事，試著養成習慣。

# 07 睡前複習之後，不可以滑手機

睡眠分為淺眠的「快速動眼期」（REM）和深層睡眠的「非快速動眼期」（NREM），兩種睡眠會在一整晚重複數次。

大腦在睡眠期間仍持續活動，在淺眠的「快速動眼期」時重現並整理記憶，在深層睡眠的「非快速動眼期」時形成長期記憶。

若兩種睡眠沒有保持交互輪流的睡眠節奏，人就無法變聰明。利用這個睡眠機制，在睡前整理大腦的思緒，更容易留住記憶。

**每天睡前花一小時左右，回憶想要記住的事物，試著整理。**

這麼做就能運用記憶系腦區，再進一步針對想牢牢記住的內容進行複習。

透過說出口這個動作，運用聽覺系腦區，向海馬迴送出「這個很重要，要記住喔」的訊息，製造在睡眠期間容易留住記憶的狀態。

有件事要提醒各位，複習完想記住的內容後，盡量不要接觸其他資訊。

**因爲大腦會被最新的資訊覆蓋。**

睡前躺在床上滑手機會擾亂記憶，降低想記住的內容在大腦中的維持率。

**在一天的尾聲，回顧完今天發生的事情後，早點入睡。**

**這是提高記憶力的睡前學習法。**

而且，從運用腦區的觀點來看，睡眠很重要。

大腦在白天因為神經細胞（神經元）和神經膠質細胞（非神經元細胞）的活動，容易累積疲勞物質。

非快速動眼期時會處理腦內的廢物，讓疲勞物質容易排出，和與失智症有關的 $\beta$ 澱粉樣蛋白[2]（Amyloid $\beta$）或 Tau 蛋白[3]的排出也有密切關連，所以充足且穩定的睡眠對維持大腦健康是必要之事。

從生理時鐘的觀點來看，理想的睡眠時間是晚上十點，但對商務人士而言有些困難，那麼盡可能在晚上十一點，或是在十二

2. 是從阿茲海默症患者大腦中發現的「澱粉樣蛋白斑塊」的主要成分。
3. 能協助微管蛋白結構的穩定，當 tau 蛋白有缺陷時，可能導致神經系統病變或阿茲海默症等。

點之前入睡。

順帶一提，美國國家睡眠基金會（National Sleep Foundation）對於二十六到六十四歲人士的建議睡眠時間是七到九小時。能確保有七小時以上的睡眠，是大人學習法不可或缺的要素。

# 睡前不要躺在床上滑手機

睡前學習容易留住記憶，但若在入睡和複習之間做了其他事，大腦會感到混亂。複習之後，不要看電視或網路影片、滑手機，給大腦多餘的資訊。

# 第5章

# 強化大人腦力的超神習慣

不過啊，那八個腦區是不是都很懶惰啊？

嗯，基本上是這樣。

有什麼方法可以讓它們不偷懶，又開心地工作嗎？

有啊，給它們喜歡的刺激，它們就變得主動。

什麼刺激？

例如「距離截止時間只剩一小時」這種緊張的情況，或是「可以改變慣例」，它們也很喜歡唷。

真是一群怪咖啊。

# 01 大腦很喜歡截止期限

**大腦有個特性，設下期限會促使它主動運作。**

例如，距離截止時間只剩十分鐘，這時大腦會用盡全力，做這個做那個，發揮超強的專注力。

不過，如果距離期限還有一段時間，它就會分心，甚至到期限前一天都還沒做完。

在東京奧運和北京奧運的開幕式，國際奧會主席湯瑪斯・巴赫（Thomas Bach）的冗長演講引發話題。就連專注力極高的運動選手們都無法集中精神，外國選手還忍不住坐下，露出了無聊的神情。如果演講時間只有兩分鐘，大家應該都會專心傾聽。

時間太多或看不到終點的時候，情緒便會乘虛而入。「到底說完沒」、「對了，那件事不知道怎麼樣了」，像這樣想起和正在進行的事毫無關連的其他事，陷入分心狀態，專注力變差。

更何況大腦本來就很懶惰。

**正因爲如此，先決定好期限，再開始著手進行。**

距離期限的時間越短，大腦越能全力運作。

既然今天有時間，應該可以學習三小時。但即使幹勁十足，三小時對大腦來說還是太漫長。

## 大腦容易運作的時間是二十到五十分鐘。

因為棘手的領域或較弱的腦區容易令大腦感到疲勞，設定期限時，對棘手的事物盡量縮短時間，對擅長的事物稍微拉長時間。

此外，同樣是花五十分鐘學習，將時間以十到二十分鐘為單位分類要做的事，就能專心學習五十分鐘。

起初的十分鐘稍微翻閱教科書。

接下來的二十分鐘寫下重要事項唸出來。

之後的十分鐘進行小測驗。

最後的十分鐘對答案，回顧學習的內容。

決定好大概的目標，大腦就會順暢地運作。

決定期限所帶來的好處是記憶力提升。

**腦科學也已證實，掌管記憶的海馬迴與時間有所連結，就會主動運作。**

因此，細分時間的學習法除了提升專注力，也能提高記憶力，可說是一石二鳥的好方法。

而且，因為是以十分鐘為單位，必須先仔細想好從哪裡開始、怎麼做，進而強化思考系腦區，其實是一石三鳥。

如同第一百一十九頁所述，運用理解系腦區是大人學習法不可或缺的事。

可是，理解系腦區處於偷懶狀態的話，遇到緊急情況就無法發揮全力。

理解系腦區運作較弱的人，起初對於決定時間內要做什麼會感到棘手。

如果你覺得自己也是如此，那麼做平常的例行事務時，試著用時間劃分，像是「利用五分鐘整理包包」、「接下來花十五分鐘打扮一下」等，養成這樣的習慣就可以鍛鍊理解系腦區，請務必試一試。

## 一開始先設定期限

如果時間充裕，大腦就會懶得動。
反正時間還很多
卡滋
卡滋
擅長的事情用五十分鐘，棘手的事情用二十分鐘，
像這樣設定期限，大腦就會認眞工作。
棘手
擅長
20:00
50:00
不過，要是理解系腦區偸懶的話，
設定期限就會變得棘手。
醒一醒!!
所以，爲了提升專注力和記憶力，
必須讓理解系動起來，使大腦充滿幹勁。
讚唷!!
迅速

設定期限時，棘手的事情要縮短時間，擅長的事情可延長時間。開始做之前，先設定「二十分鐘」，讓愛偸懶的大腦動起來。

# 02 爲了沒耐性的大腦，試著改變觀點

為了維持記憶，必須複習。

可是，大腦本來就很懶惰，對於稍微有記憶的事物，會故作從容地認為「那已經是知道的事了」，而不運用理解系腦區，只是瞄一眼簡單帶過。

舉例來說，一週內看同一部電影兩次，第一次看的時候會比較專心。

理解大腦的這個特性，複習的時候，不讓自己覺得膩是很重要的。

**最簡單的方法就是，改變觀點。**

以看電影為例，第一次聚焦在主角，第二次聚焦在主角戀人的角色。「今天鎖定這個主題複習吧」，像這樣改變關注的方向來進行學習。

「今天來做這個吧」，這是大腦的領導者思考系腦區所下達的任務，如同在現實社會中一樣，接收到上級的指令，懶散的腦區也會打起精神動起來。

平常走在街上時，試著由思考系下指令，尋找特定事物，例如「今天來找數字五」或「數數看有幾家牙醫診所」，這麼做能夠鍛鍊尋找力（視覺系）、理解力（理解系）與記憶力（記憶系）。

# 模仿能幹的人，提升學習速度

你身邊有讓你崇拜或尊敬的人嗎？如果有，那你很幸運。「模仿是創造之母」，模仿崇拜的人，導入嶄新的大腦運作方式，就能促使自己成長。

英語學習法中很有名的「跟讀」（shadowing），即為立刻複誦聽到的詞彙，這時候有助於模仿的大腦神經細胞「鏡像神經元」（mirror neuron）會發揮作用。

鏡像神經元不只是在進行跟讀的時候會模仿，在心情產生共鳴時也會發揮作用。

**也就是說，即使是第一次著手進行的事情，只要帶著「好想變成那樣」去模仿某人，就能提升學習速度。**

對某人懷抱憧憬，通常是尋求自己沒有的事物，或是心裡已經萌生那樣的念頭，卻還沒達成理想目標的狀況。

因此，模仿崇拜的人可以活絡還有成長空間的腦區。

先弄清楚自己崇拜對方的哪個部分。

一旦有了崇拜或尊敬的感情，就能提升理解力，自然不會覺得做這件事很困難。

「我也想表現得像他一樣」、「我想學習那樣的工作方式」

等，像這樣浮現好幾個具體的事項。

接著思考「怎麼做能變得像他一樣」、「應該怎麼改變自己的生活或態度」。

就算無法立刻找到答案，持續思考也能夠讓理解系腦區受到刺激。

鎖定重點，像是「今後的我想這麼做」、「想模仿這個部分」等，試著在生活中實行一週。

稍微改變思考的模式或行動，看待事物的方式也會出現變化。

實行新習慣卻覺得合不來的話，重新仔細觀察崇拜的對象。因為已經有過一週的體驗，應該會有新發現。

經過幾次錯誤的嘗試後，大腦的高速公路與一般道路逐漸整頓完善，成為令腦區十分舒適的環境。

# 04 開始學習前，先翻閱參考書五分鐘

前文多次提到，大腦對於已經知道的資訊會有親密感。而腦區對於感興趣的主題會充分發揮作用，展現積極求知的態度，學習效果會非常好。

活用大腦的這個特性，進行學習前，先稍微掌握全貌。

如果被要求參加沒有終點目標的馬拉松，即使是職業選手也會感到不安或疑惑。

若是知道終點是在四二．一九五公里處，就能分配進度，激

勵自己再加把勁。

學習也是如此，為了通過考試，先掌握全貌，知道必須學習的範圍後，思考系會擬定進度，也比較容易對其他腦區下指令，可以用平靜的心情進行學習。

因為目的是先掌握全貌，**翻閱薄一點的參考書即可。**翻閱厚重的參考書會覺得「要念這麼多啊」，反而累積壓力。感受到壓力，海馬迴就會萎縮，使得記憶力下降。

既然大腦喜歡已經知道的資訊，參加研討會或演講的時候，其內容若是初次接觸的領域，先查詢相關的重點，自然就能順利接收聽到的內容。

# 05 早上利用短暫的時間學習，花一整天維持記憶

多多複習會讓大腦知道這是重要資訊，進而記住。

為了充分活用這個特性，建議在早上花一點時間學習，尤其是大腦喜歡期限，利用早上起床後的短暫時間，大腦重新運作，能夠在短時間內有效地深入學習。

然後，利用通勤時間或空檔時間多多複習（只看或聽也可以）早上學習的內容，一整天維持大腦的連續性。睡前進行最後的複習就能確實留住記憶，對忙碌的社會人士來說，這是最理想的進度安排。

# 06 與其嘗試別人推薦的學習方法，不如先做自己有興趣的事

「如果要學這個領域的東西，最好讀這本書。」就算有人這麼說，那也只是對他而言最好的方法。前文多次提到，只要是自己喜歡的事物，大腦就會主動運用腦區。當然你可以透過這本書介紹的方法，讓大腦對別人推薦的學習法產生親密感，但最快速簡單的方法是，接觸自己有興趣的事物。

例如，學習英語的時候，為了多接觸英語，看外國電影是常見的做法。這時候如果是為了學習商用英語，一般人大多會選擇看商務人士頻繁出現的電影，比起自己的喜好，通常是配合目的

選擇內容。

不過，這對已經熟悉英語會話、覺得英語會話有趣的人倒無妨，但如果是還很生疏、覺得棘手的人，這並不是好方法。

喜歡足球，就看足球題材的電影；會彈奏樂器，就接觸以音樂為主題的事物。像這樣以自己有興趣的領域為切入點。

若是有興趣的事物，通常已經對該領域常用的專業用語或過程等「背景知識」有所了解，就算出現不懂的單字，透過人物的互動也能預測故事的走向。

反之，若是毫無興趣的領域，「這個單字是什麼意思？」、「這些人是什麼關係？」因為在意諸如此類的其他事，對理解系腦區造成強烈刺激，反倒偏離了想要熟悉英語、訓練聽力的目的。

**請記住，大腦對於「喜歡」的事物最容易產生反應。**

# 07 比起解題，多花點時間對答案

欲考取證照所進行的學習，通常會使用考古題或題庫。解題時，為了運用已經學過的知識，會連結記憶系腦區，寫答案也會用到運動系腦區。

解題能夠突顯對哪個部分的理解不夠，也會同時運用視覺系、理解系、傳達系腦區，可說是非常有效的學習方法。

既然使用了題庫，就要在有限的時間內達到有效率的學習，與其花時間解答問題，不如把時間用在對答案。

對答案的時候會發現錯誤點，重新確認解法的重點時，會刺激思考系腦區。

運用思考系腦區能夠加深對問題的理解度或記憶力。

還有一件事要提醒各位，那就是接受錯誤的心態。

學生時代很會念書的人很討厭出錯。以大腦的機制來說，在進行解題動作時，會連結記憶並進行思考，達成運用思考系腦區這個目的。

因為答錯而感到失落、懊悔，經由這些情緒的加入，更容易記住問題點。

所以，就算不知道也別急著看答案，設法解答才是聰明做法。

# 08 釋出多巴胺的時候，能夠提升記憶的維持率

大腦這個器官是人類生存的關鍵，雖然是細膩複雜的構造，使用的訣竅卻非常簡單。

總之，就是要讓大腦感到開心，以這個為基準來思考就對了。

因應工作需求，必須去考及格率很低的證照，或許會因為壓力過大而覺得快撐不下去。這時候，為了平衡壓力，為自己準備相當程度的獎勵吧。

像是「考試結束後，多請幾天假出國旅行」、「如果考古題有得到及格分數的話，我要打電動打到半夜！」準備好能讓自己

覺得最開心的獎勵。

帶著興奮期待的心情開始學習，大腦中會釋出神經傳導物質「快樂激素」多巴胺，透過其作用，促進海馬迴或思考系腦區等的運作，提升記憶的維持率。多個腦區同時運作，也會使多巴胺容易釋出，形成良好循環。

自己的心情由自己掌控，為自己製造開心的氛圍。光是這麼做，大腦就會在愉悅的狀態下動起來。

順帶一提，只要說出目標也能釋出多巴胺。「我想變成這樣！」盡可能多對自己說出這樣的心願。

**說出口的次數越多，大腦會重複想像達成心願的情況，主動採取接近目標的行動。**

# 09 工作結束後是絕佳的學習時間

工作時會用到的腦區，能在舒適的狀態下發揮作用的時間約為八到十小時。

工作結束後，如果學習和工作內容相似的事物，大腦會無法如願發揮作用。

疲勞的腦區為了減少負擔進入節能模式，因而出現避免深入思考的「大腦自動化」，可能導致學習效率下降。

可是，大腦並非完全處於疲勞狀態。

感到疲勞的，只有長時間使用的腦區。

從事接觸人群機會較多的職業，例如業務或服務業等，會過度使用負責語言能力的傳達系腦區；行政業務等文書工作為主的人，經常使用視覺系或思考系腦區。

許多人覺得回到家泡個澡或喝杯酒是最棒的放鬆。

可是，對大腦而言，那樣的休息並不夠。

刺激白天幾乎沒用到的腦區會讓大腦重振精神，也能讓自己擺脫疲勞感。

因此，不要有「今天已經很累了，沒辦法學習」的念頭，而是要想「因為很累了，要好好學習，以消除大腦的疲勞」。

**切記，別再使用工作時已經過度使用的腦區，而是要用其他腦區。**

如果不是經常坐著工作的人，在返家途中的咖啡廳或回到家，打開教科書，刺激視覺系腦區；若是工作時很少與人對話的人，線上英語會話課是不錯的選擇。

唸給自己聽，或是想像自己是老師，試著把學習的內容講出來，運用傳達系腦區。

去散步、上健身房運動、做一些能活動到手指的興趣，刺激運動系腦區。

從事醫療或照護、服務業等必須對他人特別用心的職業，因為感情系腦區處於疲乏狀態，透過照顧植物、週末木工或裁縫等活動刺激視覺系腦區，或是到自然景觀豐富的場所悠閒地散步也是轉換心情的好方法。

# 10 學習到一半，注意力不集中的時候，讓視覺系腦區休息

專注於學習或從事文書工作時，覺得「好像有點累」、「注意力不集中」時，其實是大腦已經累了。

進行學習或文書工作主要運用到視覺系腦區，處理大量的資訊時，大腦會消耗大量的氧。

陷入缺氧狀態，大腦會覺得痛苦，發出「好累」、「好無聊」的訊號。

這時若不停止作業，持續使用相同的腦區，自律神經會失衡，導致失眠或暈眩、肩頸痠痛等身體不適的症狀。

身體不舒服會進一步產生壓力、降低幹勁等情況，所以要接受大腦所發出的疲累訊號，暫停手邊的事務，重振精神。

一直坐著學習或打電腦的話，站起來稍微伸展一下身體。休息時滑手機或看書使用的腦區，和學習或處理電腦文書時使用的腦區幾乎相同，那麼做無法重振精神。

最好的方法是，在安靜的場所閉上眼睛，什麼都不做，讓視覺系腦區好好休息，阻斷資訊。

# 11
# 「收假症候群」是大腦正在發生「好變化」的證據

除了已高速公路化的常用腦區外，即使同時有意識地使用比較少用的腦區，但只要連續工作八小時以上，腦區的運用方式也會失衡。

總是使用相同的腦區，靈感會枯竭，想法也會出現偏差。

儘管如此，在日常生活中幾乎不可能不使用高速公路化的腦區。

以我自身而言，每年一定會有兩次為期一週的休假，基本上是出國旅行。無法出國旅行時，我會回到新潟縣的老家，到山裡走走或去釣魚，在自然景觀豐富的環境中充分放鬆。

或許有人會想，休息一週都不工作，置身在不同於日常的環境，可能會「不想再回去上班」。對於那樣的感受，多數人會抱持負面的想法，但對大腦而言卻是產生正面的變化。「不想上班」想法的出現，正是因為腦區的運用方式確實出現變化了。

讓過度使用的腦區休息，刺激平時很少使用的腦區。像這樣定期進行大腦的休養，養成有意識地脫離現狀的習慣，對大人來說是必要的事。

# 12 早上試著改變出門上班的時間

早上起床然後出門上班，一成不變的通勤時間與路線，是每天的例行事務。

這樣的生活模式無法避免大腦的自動化。

想要突破這樣的現狀，其實很簡單。

像是，接觸和以往不同的景色，刻意錯開上班時段、改變路線即可。

**最好的做法是，比平常提早一、兩個小時出門。**

你會發現前往車站的人潮變少，也能感受到街上的氣氛變得不一樣。

察覺到平常沒聽見的鳥叫聲，看到正在裝貨的卡車，接觸到不同於平時的景象，刺激視覺系、理解系、思考系、感情系等多個腦區。

養成早起的習慣自然就會早睡，對大腦來說，也能提升重要的睡眠品質，我很推薦這個方法。

覺得早起有困難的人，十分鐘或二十分鐘也好，試著提早出門。

光是這麼做，就會覺得平常看習慣的景色略有不同。連十分鐘都沒辦法的話，試著改變通勤路線也是好方法。去車站的路上

# 13 試試看用非慣用手的那隻手刷牙

習慣用右手的人，對右手發出指令的左腦運作會較活絡，而左撇子則是右腦活絡。除非特別提醒自己，否則我們通常都是使用較能靈活運用的慣用手。

但這麼一來，對不常使用的手發出指令的右腦或左腦會漸漸變得空洞，功能衰退，大腦開始老化。

使用非慣用手，除了能夠預防大腦變得空洞，右腦和左腦的交流也會變得活絡，同時鍛鍊左右腦。

請各位試著在這些情況下，用用看非慣用手。

・洗澡的時候
・擦拭東西的時候
・刷牙的時候

起初會覺得不適應，這個感覺正是對大腦的刺激。
一旦適應了新刺激，大腦又會自動化，所以有時間的時候，試著用左手（左撇子的人用右手）寫字也是不錯的方法。
用非慣用手寫寫看自己的名字。
習慣之後，試著用兩手寫出一樣大的字，或是右手和左手用不同種類的筆寫字，保持新鮮感就能持續進行訓練。

# 14 鍛鍊因爲滑手機而變得僵硬的眼球

我們藉由活動眼球得以正確判斷眼前發生的事，也就是說，活動眼球，理解系腦區也會充分運作。

理解雙眼獲得的資訊，思考如何將其活用在工作上、對自己會有怎樣的影響時，也會運用到理解系腦區。

然而在現代的生活中，活動眼球的機會變得很少。

最大的原因是——手機。

試著在學習或工作空檔，養成稍微活動眼球的習慣。方法很簡單，請參考下一頁的說明。

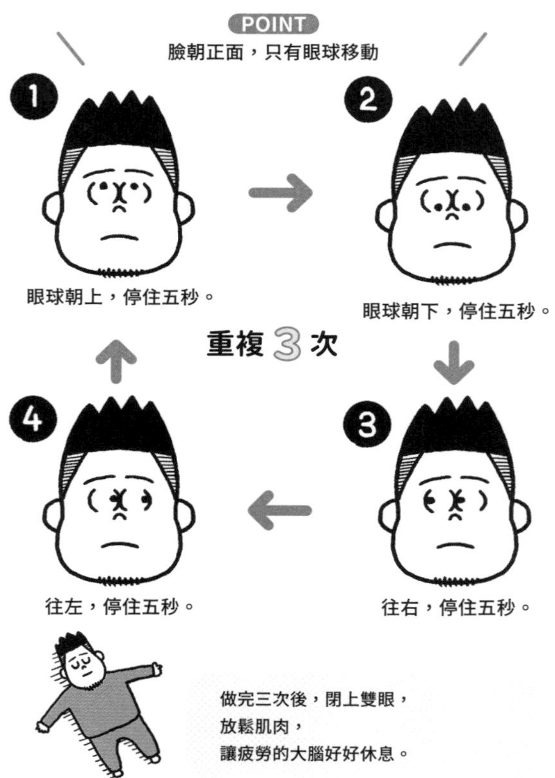
眼球操
POINT
臉朝正面，只有眼球移動
1
2
眼球朝上，停住五秒。
眼球朝下，停住五秒。
重複 3 次
4
3
往左，停住五秒。
往右，停住五秒。
做完三次後，閉上雙眼，
放鬆肌肉，
讓疲勞的大腦好好休息。

# 15 改變手機裡APP的位置，讓大腦無法偷懶

如今已是「一機在手，什麼都做得到」的時代，多數人都很清楚每天常用的APP位在手機桌面的哪個位置，動腦思考之前，手指早就滑下去。不過，各位也已經知道，不思考就能做的事會導致大腦的自動化。

所以，試著改變已經熟悉的APP的位置。

因為是一天要用好幾次的東西，即使覺得麻煩，也請當作是大腦的訓練。

動一動眼球，「那個APP在哪裡呢?」這麼做會對視覺系、理解系、思考系腦區造成很大的刺激。

# 後記

「上了年紀後，注意力變得不集中。」

我常聽到有人這麼說，不過那真的是上了年紀的關係嗎？

已經年過六十的我，不覺得注意力比年輕的時候差。

大腦喜歡有趣的事物。

人類的大腦會隨著年齡增長而成熟，變得更活躍。有趣的事物會讓大腦不覺得疲勞，發揮專注力。

這是每個人都具備的大腦特性。

人類的大腦很神奇，原本越是發揮專注力，就會消耗越多的氧，使得大腦變得筋疲力盡。

但實際情況又是如何呢？覺得有趣時，甚至聽不見周遭的聲音，變得很專心，感受到舒暢的爽快感。

我在二十多歲快三十歲時便開始持續研究大腦，「為什麼做了會疲勞的事卻覺得神清氣爽？」目前在醫學上仍無法說明原因。正因為有不知道的事，如今我依然覺得研究大腦很有趣。

來到我的診所的患者，通常都有大腦方面的煩惱或異樣感，像是「最近特別容易忘東忘西」或「想恢復以前腦筋靈活的狀態」。也就是說，他們的內心同時有著「不想再忘東忘西，想好好享受人生」、「想找回靈活的大腦，拓展事業」這樣的積極心態。

這些人透過腦部磁振造影（MRI）的診斷後，明確看到自己較弱的腦區，認真傾聽我給予的建議，付諸實行。

於是，大腦的樹突開始出現變化，快一點的人所花費的時間是兩週，平均則是三個月左右。

大腦存在著終身用不盡的「潛能細胞」，只要刺激這種細胞，不管從幾歲開始，大腦都會變得活絡。

而且，只要使用平時很少用的腦區，就會強化大腦的網絡，均衡運用整個大腦。

大腦整體的功能提升，看待事物變得更有趣，進而無止境地擴大潛能。

**說到大腦的衰退，年齡只不過是一種藉口。**

若能坦然接受這件事，那麼你的大腦還能持續成長。

想要開心度過人生百年，固然少不了強健的身體與精力，但同時也必須讓身體的總司令「大腦」保持活力。

本書的最後，為各位介紹二十到六十歲以上的「各年齡層的大腦使用說明書」，看完之後就會知道各年齡層的大腦弱點為何，以及應該怎麼做。

相信大腦所具備的「腦力」，讓大腦持續成長，直到人生畫下句點的那一刻吧。

腦內科醫師　加藤俊德

## 【參考文獻】


《66妙招，輕鬆練出好腦力》（加藤俊德 著，駱香雅 譯／天下文化出版）

《大腦回春！記憶力養成練習》（暫譯，加藤俊德 著／寶島社出版）

《年過50，大腦還能變年輕的生活方式》（暫譯，加藤俊德 著／講談社出版）

《45歲起，變聰明的大腦強化術》（暫譯，加藤俊德 著／PRESIDENT 社出版）

《巧用腦科學，學英語快一倍》（加藤俊德 著，駱香雅 譯／行路出版）

《打造A咖腦：懂這些，工作就是比別人獨到！》（加藤俊德著，鍾淑芝譯／行路出版）

《記憶力的鍛鍊法》（暫譯，加藤俊德 著／寶島社出版）

《記憶與大腦——心理學和神經科學的統合》（暫譯，Larry R.Squire 著，河內十郎 譯／醫學書院出版）

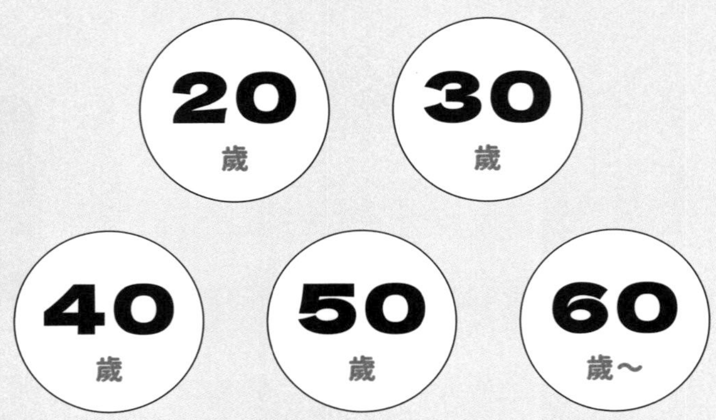


# 各年齡層的
# 大腦使用說明書

大腦在不同的年齡層有「最佳時機」，
好好活用「最佳時機」
處理棘手的事物，
無論你幾歲，都能和大腦和諧相處。

# 20歲

**特徵**

- 因爲理解系腦區尚未成熟，「理解事物並覺得有趣」這點，不如三十歲之後來得明顯。
- 二十五歲之前，無意義記憶處於優勢，擅長記住所見所聞。

## 請你這樣使用大腦

請鍛鍊傳達系腦區。透過唸出來的方式，或是訓練如何簡單易懂地表達事情，讓傳達系腦區變得發達。

對於即將邁入三十歲的大腦，學習廣泛的知識很重要，不深入理解也沒關係，建議多多閱讀。獲得廣泛的知識，開始產生疑問或興趣，尚未成熟的理解系腦區也會變得容易運作。

爲了提升大腦的資訊操作能力和語言操作能力，積極運動，讓運動系腦區發揮作用。

# 30 歲

**特徵**

- 比起無意義的記憶，有意義的記憶處於優勢，透過確實理解事物來留住記憶。
- 和記憶、理解有關的顳葉聯合區達到成長的顛峰期。

## 請你這樣使用大腦

以在顳葉聯合區成長中不可或缺的「體驗學習」爲重心，透過實際體驗學習知識，強化運動系、視覺系、聽覺系、思考系、理解系腦區的網絡，讓大腦更有效率地發揮作用。

從二十多歲學到的知識之中，找出有興趣的事物，試著深入理解其專業，這麼做有助於確立大腦的個性。

二十多歲時從事高度專業工作的人，有些人在三十五歲左右就會出現不想接觸新事物的「大腦大叔化」現象。如果是這種情況，爲了避免大腦大叔化，無論是工作或興趣，挑戰新領域，活絡大腦很重要。